JN098640

親になったら知っておきたい子育て六法

弁護士
高橋麻理 著
オキエイコ イラスト

THE HELPFUL SELECTION OF
JAPANESE LAWS
FOR PARENTS IN SAFE CHILD-REARING

日東書院

はじめに

はじめまして、弁護士の高橋麻理です。

私は、子どもが3歳のときに離婚し、以降、弁護士の仕事をしながら一人で子どもを育てています。その毎日は、常に慌ただしく、立ち止まって、その大変さを味わう余裕すらありません。

そんな毎日を送る中で、私が唯一「しんどいな」と感じ、下を向いてしまいそうになることがあります。

それは、子どもに関わるトラブルが勃発したときです。

私自身に降りかかるトラブルで、それが子どもに影響しないものであるなら、なんてことはないんです。ただ仕事のように乗り越えればいいだけで、いちいち感情的になることもありません。

でも、子どもが理不尽な目に遭って、泣いたり、悔しい思いをしたりすることは、何があっても許せず、冷静さを失ってしまうことがあります。

子どもの身に起きることを冷静に受け止められないのは、私自身が、子どもを一人の人間として尊重する思いや、子どもの中の力を信じる思いを育てられておらず、未熟だからこそ。この未熟さは私の大きな課題だなと思います。

そんな未熟な私を救ってくれるのが、「法的な考え方」です。

「法的な考え方」とは、法律の条文や裁判例のことではありません。法の基礎、根底にある考え方のことです。たとえば、次のようなことです。

- 世の中にはいろいろな立場でいろいろな考え方をする人がいる。その前提のもとで、一人一人が個人として尊重されるにはどうしたらいいか、考えていく必要があること。
- 人との間でトラブルが起きたときは、「事実」を正確に把握すること。
- 事実が、自分の偏った見方に基づきゆがんでしまっていないか、多面的に分析すること。
- 事実をもとに、自分の意見を形成すること。

●自分の意見を正確に、わかりやすく伝えること。
●自分の意見を伝えるにあたっては、他人はその意見に対しどう考えるか、どんな反論があり得るかなども考慮すること。
●異なる立場にあり、異なる意見をもつ人たちとの間に、どのようなトラブル解決策があり得るか考えること。

子どもの身にトラブルが起きたとき、このような考え方で向き合うことが、一つ一つの問題を乗り越える方法だと思っています。

もちろん、これに加えて、具体的な法律や裁判例に関する知識があれば、それらも道具として使うことができると思います。
どんな価値観やどんな立場であっても守るべき共通のルール（＝法律）や、同じようなケースでどんな解決が図られたか（＝裁判例）を示しながら自分の要望を伝えることで、その主張は説得力を増すからです。

弁護士である私も、トラブルに直面したとき、すぐに法に基づく解決方法が理路整然と思

いつくわけではありません。

でも、どんなときでも、「この状況に対して、法はどんな解決法を用意しているか？」と考えるくせをつけておくと、それだけで、少しだけ冷静に対処することができるように思います。

子どものトラブルに直面するたび、私は、何が事実なのかを見極めることの大切さや、いろいろな立場にあっても共通して守るべき法の知識の重要性を痛感しています。

そんなとき、法の知識は最強の「お守り」だと感じるのです。

親である私は、いつまでも子どものそばに張り付いて、子どもの笑顔を曇らせる全てのトラブルを解決できるわけではありません。子どもが自分でトラブルを解決する力を育てていく必要があると思っています。

私と同じように、大事なお子さんの身に降りかかるトラブルをどうやって解決したらいいかと思い悩み、わが子が自分でトラブルを解決する力をつけられるようにと願う保護者の皆様に、この「お守り」をお届けするために、本書を書き綴りました。

子育てでありがちなトラブルから、できれば起きてほしくない深刻な問題まで、100の質問に回答しています。

気になったページからご覧いただければと思います。

CONTENTS

PART 2

PART 3

PART 7

家庭でのトラブル …… 195

＊本書の内容および参照している法律等の内容は令和5年7月現在の情報に基づいています。

＊本書は「六法」（日本国憲法・刑法・民法・商法・刑事訴訟法・民事訴訟法）の中からおもに日本国憲法・刑法・民法と、その他の関連する法令を参照しながら解説する内容となっています。

＊法令や行政文書などから重要だと考えられる条文や内容、関連が深いと考えられる条文や内容の一部を選択して紹介しています。法律の項・号や文書の発行年などについては一部省略しています。

＊引用した条文の一部にフリガナを振っています。また、条文をわかりやすい表現に変更したトで解説している箇所もあります。

＊令和4年に、今後、現在の懲役刑と禁錮刑が、拘禁刑に一本化する旨の改正刑法が成立しました。令和5年7月現在、未施行のため、改正前の表記となっています。

＊法律名は「e-Govポータル」の情報に基づき記載しています。一部の法律名は通称を使用しています。

＊各法律の詳細は「e-Govポータル」で検索してください。

＊本書では、トラブル事例を、子どもの年代別・シーン別で章に分けています。トラブルに関係の深い法律等の名称を「参考となる法令など」に挙げ、「解説」で説明しています。

＊本書の解説は各トラブルについての一つの解釈です。類似のトラブルに関する責任は負いかねます。

Prologue

子どもをまもる「法」

私たちが日々暮らす中で、「法」を意識する機会は、あまりないかもしれません。できれば法のお世話にはなりたくない、というイメージもあるのではないでしょうか。でも、法は、私たちの生活になくてはならないもので、子どもや親を守ってくれる存在でもあります。ここでは、育児に関わりの深い法について、その意味や種類を簡単に説明します。あまり難しく考えず、ざっくりと大枠を捉えるくらいの気持ちでお読みになってみてください。

意外と知らない「法」のこと

トラブルを予防・解決するための「法」

「法」とは、私たち一人一人がお互いの個性を認め合い、協力しながら生きていくためのルールです。法務省の子ども向けサイト「きっずるーむ」では、法を「私たちの権利を守り、私たちが守らなければならないことを明らかにすることによって、だれもが自由に活動することができ、生活をより豊かにすること」と説明しています。

「法律」は国会で作られたもので、民法、刑法、個人情報保護法、著作権法、道路交通法……など、たくさんの種類があります。ほかにも、行政機関の定める**「命令」**として、政令、省令があります。法律と命令を合わせた総称を**「法令」**といいます。

いろいろな考えをもつ多様な立場の人たちが同じ社会で生きていると、様々な局面で意見の食い違いや利害の対立が起きます。法がない無秩序状態では、トラブルが起きやすくなり、「力の強い者が勝つ」公平性のない社会になってしまいます。

だから、トラブルを予防したり解決したりするための道具として、法が機能しています。

民法と刑法の違い

「六法」とは、憲法・民法・刑法・商法・民事訴訟法・刑事訴訟法のことです。中でも、生活に関わりが深いのが「民法」と「刑法」といえるかもしれません。

民法は、人と人とが対立したときに、両者の権利義務関係を規律する法律です。

刑法は、犯罪を定め、犯罪行為をした場合、国がどのような処罰をするかを定めた法律です。

1つのトラブルに民法と刑法の両方が関

わることもあります。たとえば交通事故の場合、当事者間の損害賠償等の問題は民法の範囲です。一方、加害者側は刑法に基づき国によって処罰されることになります。

20歳未満に適用される「少年法」

「少年法」は20歳未満の者（＝少年）に対して適用される法律で、「少年の健全な育成を期し、非行のある少年に対して性格の矯正及び環境の調整に関する保護処分を行うとともに、少年の刑事事件について特別の措置を講ずることを目的とする」としています。※1

20歳未満（14歳以上）の少年が罪を犯した場合は、成人が罪を犯した場合とは異なる手続きが予定されています。家庭裁判所が重要な役割を果たすこととなっており、家庭裁判所で開かれる審判によって、保護処分（少年院に収容する「少年院送致」、社会で生活しながら保護観察官や保護司の指導を受ける「保護観察」、「児童自立支援施設等に送致」）が下されることがあります。重大な事件の場合は、検察官に送致（逆送）され、刑事処罰が科されることもあります。

※1 令和4年の民法改正で成人年齢が18歳に引き下げられたことにともない、少年法も改正され、18、19歳の者が罪を犯した場合には、17歳以下の少年とは異なる取扱いがなされることになりました。

14歳未満なら刑罰は科されない

刑法では、「14歳に満たない者の行為は罰しない」とされています。14歳未満の子どもは、いまだ成長過程にあり責任能力がないとされるためです。

では、14歳未満の子どもが犯罪にあたる行為をした場合に「お咎めなし」なのかというと、それは違います。

14歳未満の子どもが犯罪にあたる行為をしてしまった場合には、少年法に基づき、警察による調査や児童相談所による措置がなされることがあります。その後、家庭裁判所に送致され、保護処分が下されることもあります。

なお、同じ行為について、民事裁判で責任を問われる場合もあります。その場合は、本人に「自己の行為の責任を弁識するに足りる知能」が認められれば、損害賠償などの責任を本人が負うこともあります。※2

本書は中学生くらいまでの子どものトラブルを想定しています。年齢により法的責任の内容は変わってくるのでご留意ください。

※2 過去の裁判例によると、だいたい12歳くらいまでの子どもは、「自己の行為の責任を弁識するに足りる知能」を備えていないとされることが多く、その場合は保護者が代わって責任を負います（子どもの判断能力の発達の程度によっても異なります）。

子どもをまもる「法」

子どもに関わりのあるおもな法律や、本書に多く出てくる法律などについて、簡単に説明します。

日本国憲法

憲法は、国民の権利・自由を守るために、国がやってはいけないこと・国がやるべきことについて制定した決まりです。「国民主権」、「基本的人権の尊重」、「平和主義」を三大原則とし、日本のすべての決まりは日本国憲法に基づき作られます。国民の三大義務として「教育の義務※」、「勤労の義務」、「納税の義務」が示されています。

※「教育を受けさせる義務」とする場合もあります。

民法

私人（しじん）間の権利や義務の関係性をまとめた基本的な法律です。民法等に関連し、私人の間で起きた権利義務に関する紛争を民事事件と呼びます。

少年法

20歳未満が対象となり、少年の健全な育成を図るため、非行のある少年に対する保護処分や少年の刑事事件に関する特別な手続きや処分について定めた法律です。

刑法

犯罪を定め、犯罪行為をした場合に国がどのような処罰をするかを定めた法律です。刑法等に違反して起訴されると刑事裁判が開かれます。14歳未満については刑事処罰をしないと定められています。

学校教育法

学校制度の基本を定めた法律です。体罰の禁止が明記されています。

児童買春・児童ポルノ禁止法

正式名称は「児童買春、児童ポルノに係る行為等の規制及び処罰並びに児童の保護等に関する法律」。児童買春、児童ポルノに関わる行為を規制し、処罰するとともに、子どもを保護するための措置等を定めています。

障害者差別解消法

正式名称は「障害を理由とする差別の解消の推進に関する法律」。障害を理由とする差別を禁止しています。

いじめ防止対策推進法

いじめを定義づけるとともに、いじめを禁止し防止するための対策、いじめに対する措置などを具体的に定めています。

児童虐待防止法

正式名称は「児童虐待の防止等に関する法律」。保護者から子どもへの虐待を具体的に定義し、虐待防止と早期発見、子どもの支援などについて定めています。

他にもこんな法律があります

- 母子保健法
- 成育基本法
- 子どもの貧困対策の推進に関する法律
- 民事訴訟法
- 刑事訴訟法
- こども基本法

など

子どもが幸せに暮らせる社会を実現するための『こども基本法』

「こども基本法」は、日本国憲法や児童の権利に関する条約（子どもの権利条約）の精神にのっとり定められた法律です。

全ての子どもが、生涯にわたる人格形成の基礎を築き、自立した個人として健やかに成長することができ、心身の状況や環境等にかかわらず、その権利が守られ、幸福な生活を送ることができる社会の実現を目的としています。

子どもの居場所づくりやいじめ対策、親が働きながら子育てしやすい環境づくりや育児相談窓口の設置など、子ども施策に関する基本理念や国の責務等を明らかにしています。

また、こども家庭庁は、当事者である子ども自身と、その保護者の意見を反映した施策を策定・実施するために、インターネットを使ったアンケート、行政の職員による意見の聴き取り、子どもや若者を対象としたパブリックコメントなどを実施し、これらの声をこども家庭審議会などに届けるとしています。令和5年4月にスタートしたばかりのこの法律の理念が広く浸透し、真に子どもをまん中にした社会が実現することが期待されています。

こども基本法の基本理念

全てのこどもについて、個人として尊重され、その基本的人権が保障されるとともに、差別的取扱いを受けることがないようにすること。

全てのこどもについて、適切に養育されること、その生活を保障されること、愛され保護されること、その健やかな成長及び発達並びにその自立が図られることその他の福祉に係る権利が等しく保障されるとともに、教育基本法の精神にのっとり教育を受ける機会が等しく与えられること。

全てのこどもについて、その年齢及び発達の程度に応じて、自己に直接関係する全ての事項に関して意見を表明する機会及び多様な社会的活動に参画する機会が確保されること。

全てのこどもについて、その年齢及び発達の程度に応じて、その意見が尊重され、その最善の利益が優先して考慮されること。

こどもの養育については、家庭を基本として行われ、父母その他の保護者が第一義的責任を有するとの認識の下、これらの者に対してこどもの養育に関し十分な支援を行うとともに、家庭での養育が困難なこどもにはできる限り家庭と同様の養育環境を確保することにより、こどもが心身ともに健やかに育成されるようにすること。

家庭や子育てに夢を持ち、子育てに伴う喜びを実感できる社会環境を整備すること。

子どもも大人も知っておきたい

『子どもの権利条約』

子どもの人権を尊重するための国際条約

「児童の権利に関する条約」――通称「子どもの権利条約」を知っていますか？　1989年に国連で採択され、日本は90年に署名、94年に批准。同年5月22日から日本でも効力が生じています。

世界の多くの子どもが飢えや貧困等の困難な状況に置かれている状況に鑑み、世界的な観点から子どもの人権の尊重、保護の促進を目指したもので、子どもの基本的人権に十分配慮し、一人一人を大切にした教育が行われることが求められています。

4つの原則

子どもの権利条約の4原則をご紹介します。

①生命、生存及び発達に対する権利
②子どもの最善の利益
③子どもの意見の尊重
④差別の禁止

これらは、当事者である子どもも、子どもを支援する立場である大人も知っておくべき内容です。

社会というものは大人の事情で動かされてしまいがちですが、これからは、子どもがより生きやすい社会を作っていく必要があるでしょう。

子育て中に理不尽な目に遭い学校や行政などに対応を求める場面で、子どもの権利条約の理念に照らして考えるよう相手に促したり、親が子どもに接する日常的な場面でも、どうあるべきかの指針になると思います。

子どもの権利条約　4つの権利

子どもの権利条約には、世界の全ての子どもたちがもっている権利と、難民や少数民族の子ども、障害のある子どもなど、特に配慮が必要な子どもの権利について定められています。そして、子どもの権利を守るために国が法律を整え政策を実施することと、子どもの権利が実現するようにする責任は、まず保護者にあることなどが定められています。条約で定められている子どもの権利は、次の4つに分類されます。

生きる権利

衣食住や医療に困窮することなく、全ての子どもの命が守られる

育つ権利

教育を受けたり遊んだりし、能力を伸ばしながら健やかに育つことができる

守られる権利

紛争に巻き込まれることなく、虐待や搾取、有害な労働などから守られる

参加する権利

自由に意見を言ったり、団体を作って活動したりできる

意外と知らない「人権」

「人権」とは？

「人権」とは、人が生まれながらにしてもつ権利で、人が個人として尊重され幸せに生きる権利のことです。日本国憲法では、国民の基本的人権を保障し、これを「侵すことのできない永久の権利」としています。

「権利を行使するには義務を果たさなければならない」という言説を見聞きすることがあるかもしれませんが、人権は、何かと引き換えに手に入れたり、何らかの義務とセットになったりするものではなく、すべての人が無条件にもっているものです。

しかし、人権があるからといって何もかも許されるかというと、当然、そうではありません。人権は、他人の人権と衝突する場面で、その制約を受けることがあります。

人権を侵害していない？

法務省が発行しているパンフレット「人権の擁護※」には、人権侵害の課題として、性犯罪・性暴力・DV・ハラスメント・いじめ・体罰・児童虐待・障害者差別・部落差別・インターネット上の人権侵害などを挙げています。

子育てをする中で困りごとが起きたとき、「子どもの人権が侵害されていないか」「子どもが、他人の人権を侵害していないか」「親が、わが子の人権を侵害していないか」という視点をもつと、問題点が整理され、対処しやすくなるかもしれません。

※法務省「人権の擁護」 https://www.moj.go.jp/content/001379534.pdf

PART 1

妊娠中〜乳児期のトラブル

妊娠・出産・乳児の子育て……。これまで通りの生活ができなくなったり、守るものが増えたりしたことで不安が大きくなってしまったり、心配が先に立ち、しみじみと幸せをかみしめる余裕を感じられなかったりすること、ありませんか？　様々な考え方の人がいる中で理不尽な目に遭うことも。トラブルに見舞われてもうまく立ち回れず、ショックを受けたり、気持ちが沈んでしまったりすることもあるかもしません。報道やSNSで話題になるようなトラブルが自分の身に降りかかる前に、新しい命と自分を守る術を備えておきましょう。

Q 01

マタハラ・イクハラ

参考となる法令など

●雇用の分野における男女の均等な機会及び待遇の確保等に関する法律

職場に妊娠を知らせたらプロジェクトから外された。みんなに迷惑をかけるから仕方ない？

A

妊娠を理由とした嫌がらせはマタハラにあたる可能性があります。マタハラは法律で禁止されています。

解説 **マタニティハラスメント（マタハラ）とは、妊娠、出産、子育てなどをきっかけにした職場での嫌がらせや不利益な取扱いのこと**で、2つの種類があります。

1つ目が、妊娠、出産、子育てなどに関わる制度の利用に対する嫌がらせ。たとえば、妊娠し、定期検診のための時間休をとることを報告した女性に対し、「仕事を抜けられてしまうと、プロジェクトを任せられない」などと言うこと。

2つ目が、**妊娠、出産、子育ての状態に対する嫌がらせ**。たとえば、妊娠を報告した女性に対し、上司が「会社の大事な時期だから困る。他の人を雇うから辞めてもらうことになるよ」などと言うこと。

法律には、事業主は、妊娠等を理由に「女性労働者に対して解雇その他不利益な取扱いをしてはならない」と定められており、また、就業環境が害されることのないよう、必要な体制の整備等を講じなければならないと定められています。

妊娠を理由に一方的にプロジェクトから外すことは、状況によってはマタハラにあたる可能性があります。

しかし、会社が一方的にプロジェクトから外す意図はなく、妊娠中の方の体調を最優先に考えるという配慮に基づき、本人の意向や体調を確認しようとしたケースもあるかもしれません。そのような場合は、それ自体がただちにマタハラとはいえない可能性があります。

会社側の行為がマタハラに該当するかどうかの検討と併せ、何よりも重要なのは、コミュニケーションをとることだと思います。

自分の体調、仕事内容等に照らし、これまでどおりプロジェクトに参加できることを会社側に伝えたり、体調に無理なく参加できる方法を提案したりするなど、方法を考えてみるとよいかもしれません。

マタハラが疑われたら、**社内の人事担当者**に相談してみてください。対応が期待できない場合は、**各都道府県労働局や全国の労働基準監督署内などに設置された総合労働相談コーナー**などに相談できます。

Q02

（マタハラ・イクハラ）

参考となる法令など

●育児休業、介護休業等育児又は家族介護を行う労働者の福祉に関する法律

夫の育休申請が「前例がない」と却下された。男性は育休を取得できないの？

A

男女問わず育休を取得できます。会社が応じなければ労働局や総合労働相談コーナーに相談を。

解説 「育児・介護休業法」では、**労働者は男女問わず育休をとることができる**と定められています。また、事業主は、労働者本人または配偶者が妊娠または出産したことを申し出たときは、育児休業に関する制度などを知らせたり、それに関わる意向を確認するための面談などの措置を取らなければならず、また、申出を理由に**事業者が労働者に対して解雇その他の不利益な取扱いをしてはならない**と定められています。さらに、事業主は育児休業に関する研修の実施、相談体制の整備等のいずれかの措置を講じなければならないとされています。

でも、**育児休業取得者の割合は**※、**女性約85％に対し、男性は約14％**。まだ男性の育休が浸透しているとは言い難く、「前例がない」会社も多いのは事実。正しい法律の知識がないままに上司が却下している可能性もあるので、人事担当者に相談を。それでも解決しなければ、各都道府県労働局、全国の労働基準監督署内などに設置されている総合労働相談コーナーや弁護士への相談も考えてみてください。

	育児休業制度	産後パパ育休 ※育休とは別に取得可能
対象期間 取得可能日数	原則子が1歳（最長2歳）まで	子の出生後8週間以内に 4週間まで取得可能
申出期限	原則1か月前まで	原則休業の2週間前まで
分割取得	分割して2回取得可能 (取得の際にそれぞれ申出)	分割して2回取得可能
休業中の就業	原則就業不可	労使協定を締結している場合に限り、労働者が合意した範囲で休業中に就業することが可能
1歳以降の延長	育休開始日を柔軟化	ー
1歳以降の再取得	特別な事情がある場合に限り再取得可能	ー

※厚生労働省「育児・介護休業法 改正ポイントのご案内」より引用して編集。詳しくは厚生労働省ホームページをご覧ください。 https://www.mhlw.go.jp/content/11900000/000789715.pdf

※令和元年10月1日から令和2年9月30日までの1年間に在職中に出産した女性（男性の場合は配偶者が出産した男性）のうち、令和3年10月1日までに育児休業を開始した者（育児休業の申出をしている者を含む）の割合。

Q03 外出先での被害

参考となる法令など

●刑法204条（傷害罪）、刑法208条（暴行罪）、刑法261条（器物損壊罪）

電車内で赤ちゃんを乗せたベビーカーを蹴られた！

A 原則として電車やバスにはベビーカーを折りたたまずに乗車できます。

解説 これは、赤ちゃんがけがをする可能性もあるとても危険な行為。日々懸命に育児に向き合う親にとって、精神的に受けるダメージも大きく、赤ちゃんを連れての外出に不安を感じてしまいますよね。

相手が蹴った場所や強度によっては暴行罪に、赤ちゃんがけがした場合は傷害罪になる可能性があります。**ベビーカーが壊れた場合、相手の故意と因果関係が認められれば器物損壊罪にもあたる**場合があります。

国土交通省では、公共交通機関でベビーカーを使用する人の利便性や安全性を向上させるため、平成25年に「公共交通機関等におけるベビーカー利用に関する協議会」を設置し、ベビーカーを安心して安全に利用できるよう理解を求めるポスターやベビーカーマークを作ったり、その認知度を上げるための取組みをしています。

ポスターには、**原則として電車やバスにはベビーカーを折りたたまずに乗車することができる**ことも明記されています。※

ベビーカーで公共交通機関を利用すること自体が迷惑だなどと委縮する必要などありません。ベビーカーで公共交通機関を利用する人も、そうでない人も、モラルをもって、皆が気持ちよく公共交通機関を利用できるとよいですね。

※バスについては走行環境により折りたたみでの乗車を求められることもあります。

Q04

親が気を付けたいこと

短時間なら乳児を寝かせて外出しても大丈夫？

A 地震、火事、窒息、誤飲、けが…赤ちゃんを放置して外出することは、赤ちゃんを危険にさらすことになります。

参考となる法令など

●刑法218条（保護責任者遺棄罪）

解説 赤ちゃん連れの外出は、持ち物や準備も増え、外出先で気を遣うことも多く「短時間なら、一人で行ってしまおうか」と思うこと、ありますよね。

しかし、**短時間とはいえ、寝ている赤ちゃんを一人にしての外出はやめるべき**だと思います。法的責任はさておき、もし、その間に火事や地震などの災害が起きたら？　いつもは長く寝る赤ちゃんが、その日は短時間で起きてしまったら？　今日初めての寝返りを打って、顔を上げられず苦しい思いをしてしまったら――？

母子手帳にも、乳児を一人にしないことは、乳幼児突然死症候群、窒息、誤飲、けがなどの事故を未然に防ぐために重要であると記載されています。また、子どもが少し大きくなってくると、一人でできることが増えるため、窓やベランダの乗り越え・転落事故など、乳児期と違った危険がひそんでいることにも注意が必要です。

「短時間なら」が経験とともにエスカレートして長**時間の放置に及んだ場合、保護責任者遺棄罪に該当する**可能性もあります。

「たぶん大丈夫」が「一生の後悔」にならないように、ファミリーサポート、一時預かり施設の利用等も選択肢に入れながら、赤ちゃんの安全を守る選択を考えたいですね。

Q 05

（親が気を付けたいこと）

参考となる法令など

●刑法204条（傷害罪）

赤ちゃんの寝つきが悪く、イライラして、つい強く揺さぶってしまった。

A

乳幼児揺さぶられ症候群で脳損傷を引き起こす危険があります。

解説 赤ちゃんが寝ている時間だけが、唯一訪れるほっと息をつける時間……。親も寝不足になりがちなこの時期、赤ちゃんが寝付いてくれないとイライラしてしまうこともありますよね。

でも、そのイライラの気持ちから、赤ちゃんを強く揺さぶってしまうのは非常に危険です。

日本小児科学会監訳によるパンフレット（「赤ちゃんを揺さぶらないで」乳幼児揺さぶられ症候群（SBS）を予防しましょう。）には、**赤ちゃんを揺さぶる行為は、その態様によっては重大な脳損傷等を引き起こす危険がある**ことが指摘されています。赤ちゃんを暴力的に強く揺さぶったケースで赤ちゃんが重傷を負い、親に傷害罪の成立が認められるとして、有罪判決が言い渡されたこともあります。

母子手帳にも、「赤ちゃんは激しく揺さぶられると、**首の筋肉が未発達なために脳が衝撃を受けやすく、脳の損傷による重大な障害を負うことや、場合によっては命を落とすことがあります**（乳幼児揺さぶられ症候群）。赤ちゃんが泣きやまず、イライラしてしまうことは誰にでも起こり得ますが、赤ちゃんを決して揺さぶらないでください。万が一、激しく揺さぶった場合は、すぐに医療機関を受診し、その旨を伝えましょう」などと記載されています。

「親なのにイライラしてしまう自分はおかしいのではないか」「このままでは虐待をしてしまうのではないか」と自分を追い詰めてしまうこともあるかもしれません。

そんなときは、心身の疲れを自覚し、自分の頑張りを認めること、そして、早めに、こまめに、自分の疲れのサインを読み取り、ケアすることがなにより大切だと思います。

子育てに関することは、身近にいる家族や友人には意外と話しにくいということ、ありませんか？

そんなときは、**各自治体に設置されている子育て相談窓口**に相談してみるのもよいと思います。親が一人になれる時間を作ることは、決して悪いことではありません。**ファミリーサポートや一時預かりの利用**も検討してみてください。

COLUMN

子どもをまもる子育て支援

厚生労働省のホームページにも掲載されている子育て支援の取組みや、相談窓口をご紹介します。保護者の心身の健康と子どもの福祉のため、ぜひ活用してみてください。

一時預かり

急な用事や短期のパートタイム就労のほか、リフレッシュしたいときなどに、保育所などの施設や地域子育て支援拠点などで子どもを預かってもらえます。幼稚園児を教育時間終了後や、土曜日などに預かってもらえる場合もあります。

子育て短期支援

ショートステイ　保護者の出張や冠婚葬祭、病気などにより、子どもの保育ができない場合に、短期間の宿泊で子どもを預かってもらえます。

トワイライトステイ　平日の夜間などに子どもの保育ができない場合に、一時的に子どもを預かってもらえます。

ファミリー・サポート・センター

乳幼児や小学生などの子育て中の保護者が登録できます。ファミリー・サポート・センターが連絡、調整を行い、援助を希望する人（子どもを預かってほしい人）と、援助を行うことを希望する人（子どもを預かってくれる人）をつなげてくれます。

親子のための相談LINE

子育てや親子関係について悩んだときに、18歳未満の子どもとその保護者などが相談できる窓口です。匿名（LINE上のアイコンとニックネーム）でも相談ができ、相談内容の秘密は守られます。

児童相談所 相談専用ダイヤル

0120-189-783（いちはやく　おなやみを）

児童相談所は、都道府県、指定都市等が設置する機関で、子どもの健やかな成長を願って、ともに考え、問題を解決していく専門の相談機関です。育児や子どもの福祉に関する様々な相談ができるほか、適切な支援につなげてもらえる場合があります。相談専用ダイヤルは、固定電話からも携帯電話からも無料で通話ができます。

PART 2

幼児期のトラブル

公園、幼稚園、保育園、お友達のお家など、交友関係と活動範囲がぐんと広がり、子どもの成長を感じる時期。お友達との遊びや、親以外の大人との関わりを通して学ぶことがたくさんあるでしょう。同時に、親の目が届かなくなってしまう場面や、ヒヤリとするシーンに出くわすことなど、トラブルも増えてきます。想定外の事態が起きてしまったり、親の手に負えない状況になってしまったり、思わず感情的な対立になってしまったりしたとき、法や、国が公表しているガイドラインなどを知っておくと、冷静に対処できるかもしれません。

Q06

（過失・不注意）

参考となる法令など

●民法718条

よその犬をさわろうとして咬まれてしまった。飼い主にけがの治療費を請求できる？

A

治療費を請求できますが、子どもにも落ち度がある場合、全額は支払われないことも。

解説 民法で、**動物を管理する人は、その動物が他人に加えた損害を賠償する責任を負う**こととされています。

ですから、もし、**お子さんがよその飼い犬に咬まれてけがを負ってしまったら、飼い主に治療費などを請求できます**※。

この場合、気を付けるポイントが3つあります。

①**お相手の名前、住所や連絡先を確認しておく**こと。もともと知り合いでない場合、相手の情報を確認しておかないと、話し合いがうまくいかず訴訟などの法的手続きをとる場合などに困ることがあります。

②**証拠の確保**。最初は話し合いがうまくいきそうに思えても、いつ相手が話を覆し、法的手続きが必要となるかわかりません。けがした箇所や咬んだ直後の犬の様子を撮影したり、けがの診断書、治療費の領収証を確保したり、飼い主に自身の不注意を認める旨を一筆書いてもらったりなど、証拠を確保しておくことは大切です。

③状況によって、損害の全額を払ってもらえない可能性があります。たとえば、「お子さんが犬にさわろうとしたことが、犬を刺激した」と相手が主張した場合などです。

たしかに、**「過失相殺(かしつそうさい)」といって、被害を受けた側に落ち度がある場合、賠償額の減額が認められる場合があります**。咬まれたときの状況を記録化しておくことも大切です。

犬に咬まれた場合は、感染症なども心配ですね。条例には、犬の咬傷事故が発生した場合に飼い主がとるべき措置について定められています。

たとえば、東京都動物の愛護及び管理に関する条例には、「犬の飼い主は、その犬が人をかんだときは、事故発生の時から四十八時間以内に、その犬の狂犬病の疑いの有無について獣医師に検診させなければならない」と定められています。

犬の検診の状況なども確認し、並行して、速やかに医療機関を受診し、心配があれば保健所への相談も検討しましょう。

※ただし、飼い主が動物の種類および性質に従い、相当の注意をもってその管理をしていた場合には賠償責任を負わないとされています。

Q07

（過失・不注意）

参考となる法令など

●民法709条 ●民法712条 ●民法714条
●刑法261条（器物損壊罪）

お友達の家で飼っているペットを逃がしてしまった。責任を問われる？

A

ペットの財産的価値などについて損害賠償請求される可能性があります。

解説 子どもが一人でお友達の家に遊びに行けるようになると、それが子どもの成長につながる機会にもなりますが、親の目の届かないところで子どもが何かしでかしてしまったらどうしよう……と不安になること、ありませんか？

子どもがお友達の家で飼われているペットを誤って逃がしてしまった場合、民法709条「故意又は過失によって他人の権利又は法律上保護される利益を侵害した者は、これによって生じた損害を賠償する責任を負う」に該当し、お友達の保護者から、**ペットの財産的価値や逃がされたことでの精神的苦痛をお金に換算したものを損害として請求される**可能性があります。

万が一、故意にペットを死なせた場合、その行為は器物損壊罪に該当します。

民法712条、民法714条では、**未成年者が自分の行動が法的責任を生じさせることを理解できる能力を備えておらず、法的責任を負わない場合は、一定の場合を除き、親権者である親などが責任を負う**と定められています。

ですから、子どもが未就学児や小学生であれば、お友達の保護者にお金を支払う法的責任を負うのは親であることが通常です。

子ども本人とお友達の保護者から、ペットを逃がしてしまった状況を聴き、事実関係を把握することは大切です。よくよく話を聴いてみたら、原因は双方にあったかもしれませんし、子どもにも言い分があるかもしれません。

子どもが他人に損害を与えてしまったときに備え、個人賠償責任保険への加入を検討することも大切です。

個人賠償責任保険とは、本人またはその家族が、誤って他人にけがをさせてしまったり、他人の物を壊してしまったりして、法律上の損害賠償責任を負った場合の損害を補償する保険です。自動車保険や火災保険などの特約として付帯されることが多いので、現在加入している保険の内容をチェックしてみるとよいでしょう。

Q08（過失・不注意）

参考となる法令など
●民法709条
●民法712条
●民法714条

会計前の商品を壊した！買わないとだめ？

A お店に生じた損害を賠償する責任があります。

解説 私はインテリアショップが好きなのですが、子どもが小さいころは、子どもが間違ってガラス製の高級な商品を落として割ってしまったら……などと思うと恐ろしくて、子どもと買い物に行くことがなかなかできませんでした。

子どもが万一商品を壊したり傷つけてしまったりしたら、民法709条に基づき、お店に生じた代金相当分の損害を支払う義務を負います。

ですから、基本的には、壊してしまった商品の代金を支払うべきだと考えられるでしょう。その支払いの責任は、Q7と同様、**監督義務者である親が負うのが通常です。**

お店の方が「大丈夫ですよ」と言ってくれて何も請求されない場合もあるかもしれませんが、それはあくまでもお店のご厚意です。当然に支払いを免れるものではありません。

「気を付けて」と十分に言って聞かせてあったとしても、子どもは動きが大きくなってしまい、商品を落としてしまったりすることがありますよね。

親も子ども自身も悲しい気持ちにならないためにも、子どもの不注意が気になるうちは、子どもとのお出かけでは、行くお店を選んだり、万一のときに備え、Q7でお話しした個人賠償責任保険への加入を検討したりするのが安心かもしれません。

Q09 過失・不注意

旅館でおねしょしてしまった！ どのようにお詫びしよう？

A 旅館に生じた損害を賠償する責任があります。

参考となる法令など
●民法709条 ●民法712条 ●民法714条

解説 子どもを連れての旅行。楽しみな反面、せっかくの旅行先で子どもが旅館の布団でおねしょしてしまったら？ 旅館の備品を壊してしまったら？ など不安は尽きませんよね。

万一そのようなことが起きてしまったら、基本的な考え方はQ7、8と共通します。旅館に生じた損害について、支払いを求められるものと考えたほうがよいでしょう。

子どものおねしょで発生した**布団のクリーニング代、壊してしまった旅館の備品の財産的価値相当分について、通常、親に支払義務がある**のです。

このような場合も、Q7と同様に、保険加入によりその不安を減らすことができることがあります。また、旅館が加入している保険の内容によっては、旅館側において保険を利用できる場合もあります。

なかなか言いづらいかもしれませんが、おねしょしてしまった、備品を壊してしまったなどというときは、すぐに旅館に申告するようにしましょう。

また、せっかくの旅行、できるなら、トラブルの発生自体を避けたいもの。自宅からかさばらないおねしょ対応の防水シーツを持参したり、壊れそうな備品が目についたら、旅館側に相談し、部屋から持ち出してもらったり、トラブル回避のための作戦を立ててみると安心かもしれません。

Q10

子ども同士

お友達の家の家具を派手に汚してしまった！弁償しないといけないない？

A

相手に生じた損害について支払義務が生じます。誠意ある対応を心掛けたいところです。

参考となる法令など

●民法709条
●民法712条
●民法714条

解説 子どもと一緒にお友達の家に遊びに行くのは、子どもにとっては特別な楽しい時間であるうえに、よその家庭を知る良い機会にもなります。そして親にとっても、子どもたちが少しくらいはしゃいでしまっても周囲の目をあまり気にせず、親同士でゆっくりおしゃべりすることができたりしますよね。

そんな楽しい時間を過ごしたいのに、子どもがお友達のおうちで家具を汚してしまったり、おもちゃを壊してしまったりしたら……。そんな不安を感じてしまうこと、あると思います。

基本的にはQ7でお話ししたことと共通します。**家具を汚してしまったり、おもちゃを壊してしまったりしたことで生じる代金相当分やクリーニング代などについて、親に支払義務が生じます。**ですから、相手からそれらの金額を聴いた上で支払うことになります。

法律とは少し逸れますが、面識のない人の物を壊してしまったという場合と比べて、子どもがお友達同士という関係であるがゆえの難しさを感じるケースもあるかもしれません。

相手も「本当は弁償してもらいたいけど、お友達同士だから、そんな話をして気まずくなったらどうしよう」という思いから、「お互い様だし気にしないで！」などと言いながら内心モヤモヤ……ということも考えられますよね。

関係性にもよるので、一概にこれといった正解はありませんが、通常の法的な解決方法とはちょっと違った方法で関係性を保つことも検討できるかもしれません。たとえば、相手がこちらの弁償を辞退した場合には、お子さんのお誕生日などちょっとしたきっかけを利用して、壊してしまったおもちゃと似たおもちゃを選んでプレゼントするといった方法です。

家具を汚してしまったり、おもちゃを壊してしまったりした場合は、お相手がたとえ拒んでも、**「今後も仲良くお付き合いいただきたいので、だからこそ、こういうことはちゃんと対応させてほしい」**とお伝えした上でお支払いを申し出てみるのも一案かもしれませんね。

Q11

子ども同士

参考となる法令など

●民法709条 ●民法712条 ●民法714条

子ども同士のけんかでお友達にけがを負わせた。治療費を支払うべき？

A

治療費や通院費用などの支払義務が生じる場合もあります。丁寧な対応を心掛けて。

解説 具体的にどんな行為に及んだかによりますが、たとえば、お友達をたたいてけがをさせてしまった場合は、Q7と同様、**基本的には親に、治療費などの支払義務が生じます**。

けがの重さによっては、何度も通院するかもしれません。小さな子どもの場合、その都度、保護者が病院に付き添う必要があるでしょうし、病院が遠方の場合など、状況によってはタクシーなどを利用するかもしれません。

治療費にとどまらず、けがをしたことに伴って生じたこれらの費用も、支払う必要が生じる可能性があります。

お友達同士のトラブルだと、親同士、通常よりも問題が難しくなってしまう側面があることはQ10でお話ししたとおり。

今後も大事にしたい関係性だからこそ、相手からの請求を待つだけとか、「お友達同士でお金の請求などできない」という相手からの言葉をそのまま受けとめるのは、避けたいところです。

こちらから治療費などの金額を尋ねたり、今回のことを踏まえて親子でこんな話し合いをしたということをお伝えしたり、**特に丁寧な対応を心掛け、親子ともども、今後も気持ちよくお付き合いできるとよいと思います**。

子ども同士、けんかはつきもの。けんかは、それ自体が悪いものではありません。

けんかを通じて、利害が対立したときに話し合って解決する方法を学ぶこともあると思います。ときには、自分の言葉でお友達が泣いてしまった経験などを通じて、相手に投げかける言葉について考えられるようになっていくのだと思います。

お友達とけんかになったときにはどんな話し合いをしたらいいかを、親子で考えてみる良い機会にもなるかもしれません。

手を出してしまうことによって、お友達が思いがけないけがを負ったり、心ない言葉で深く傷つけてしまったりすることがあることを、少しずつ子どもの心に育てていきたいですね。

Q12

（子ども同士）

子どものけんかに腹を立てた相手の親にわが子が叩かれた。警察に被害届を出せる？

参考となる法令など

●刑法204条（傷害罪）●刑法208条（暴行罪）●民法709条

A

暴行罪、傷害罪にあたる行為です。証拠を集めて被害届を提出できます。

解説 **他人をたたくという行為は、それ自体、暴行罪という犯罪**になります。

たたいた結果、あざができたり、痛みが残ったりなど**けがをさせてしまったら、暴行罪よりも重い傷害罪が成立**します。

大人が子どもをたたくという行為は、けがの発生にもつながりやすく、また、子どもが恐怖心を植え付けられてしまうなど精神的ダメージも大きいはずで、特に悪質だという評価を受ける行為だと思います。

ですから、わが子がそのような被害に遭ったら、**警察に被害届を出すことができます**。

被害届を出すにあたっては、たたかれて赤くなった部位を写真に撮影しておくなどの証拠の確保も大切です。

また、けがの治療費や**精神的苦痛に対する慰謝料を請求**することも考えられるでしょう。

少し法律の話から逸れますが、警察に被害届を出すことで、相手が警察からの事情聴取を受けることになるため、相手が、自分がした行為の重大性を認識するきっかけになるはずです。

でも、被害届を提出できればそれで全ての問題が解決するかというと、そこはなかなか難しいところ。捜査が進み、何らかの処分が下ったとしても、そのようなことがあった相手との関係性を今後どうしていくか……という問題は残ってしまいそうです。

捜査の過程で、相手には弁護人がつき、弁護人を通して謝罪を受けたり、慰謝料等の支払いに関する話し合いがなされるかもしれません。その機会に、今後の子ども同士、保護者同士のお付き合いに関し不安に思うことなどを伝え、話し合うことはとても大事だと思います。

また、暴行のきっかけとなった子ども同士のけんかに関して、どのようなことがあったのか、子どもがお友達に対して言ったこと、したことを振り返って、今後何か気を付けたほうがよい部分があるかどうかも、親子で考えてみることも必要かもしれませんね。

Q 13

（子ども同士）

棒で遊んでいてお友達を失明させてしまった。わが子の責任はどうなる？

A

相手の主張のままに責任を認める前にまずは慎重に事実関係の確認を。

参考となる法令など

●民法709条
●民法712条
●民法714条

解説 幼い子どもが他人にけがを負わせてしまった場合、それによって生じた損害の支払義務は基本的に親にあります。**後遺障害が認められれば、その損害はとても大きなものになり、請求される金額もかなり高額になる**と見込まれます。

損害は、**治療費、入通院にかかる費用**などはもちろん、**後遺障害がなければ将来得られたであろう収入を逸失利益（いっしつりえき）として請求される**可能性があります。また、**後遺障害を負ったことにより受けた大きな精神的苦痛について慰謝料**が請求される可能性もあります。

このようにとても大きな金額の話になりますので、弁護士に相談し、必要であれば弁護士を代理人として相手との話し合いに臨むのもひとつの選択肢になると思います。何があったのかという事実関係を明らかにすることや、出来事の評価をすることがとても大事だからです。

つまり、「棒で遊んでいて」といっても、その棒はどこにあって、それを誰が持ち込んで、誰がどんなふうに棒を動かして、結果として、何が直接の原因となり、その棒がどのように当たって、最終的にお友達にけがを負わせたのか、という**事実を明らかにしないと、法的な責任の基礎となる子どもの行為が特定できません。**

そして、そのような事故は一瞬のうちに起きることが多いので、その場に複数の人がいても、状況を正確に目撃しているとも限りません。録画映像などがない限り、事実を明らかにすること自体がとても難しいのです。

重大な出来事に直面し、相手のお子さんと保護者への申し訳なさから、「すぐに謝罪しなければ」「お支払いをしなければ」と焦ってしまう気持ちはもっともです。

しかし、**事実を明らかにしないままに話を進めると、後々金額の話し合いをする中で、それぞれの認識や気持ちにギャップが生まれる原因にもなりかねません。**弁護士への相談を含め、慎重に対応を考えることをおすすめします。

Q 14

（保育施設のトラブル）

保育所でうつぶせ寝させられ一時意識不明になった。

A うつぶせ寝が原因で重大事故が発生したら、保育施設に法的責任が生じる可能性が高いでしょう。

参考となる法令など

●民法415条 ●民法709条 ●民法715条 ●教育・保育施設等における事故防止及び事故発生時の対応のためのガイドライン

解説 内閣府が公表している「教育・保育施設等における事故防止及び事故発生時の対応のためのガイドライン」では、保育施設で重大事故が発生しやすい場面として「睡眠中」を挙げています。**仰向けに寝かせることが重要であるとして、定期的に子どもの呼吸・体位、睡眠状態を点検し窒息リスクを除去するべき**とされています※。

保育施設で、仮にうつぶせ寝が原因で一時意識不明などになった場合は、それによって生じた**治療費や精神的苦痛に関し、保育施設に対して損害賠償を請求できます。**

具体的に請求する相手は、公立保育所なら市区町村など、私立保育所なら社会福祉法人、民間事業所など、認可外保育施設なら運営する民間事業所などになります。

保育施設の運営者には、保護者との間で交わした契約（安全に子どもを預かる）に基づき**子どもが安全に1日を過ごせるように環境を整える義務**があり、その義務に違反したといえますし（民法415条）、**保育士の使用者としての責任**も生じます（民法715条）。

もっとも、親としては、今後二度と同じような危険がないように、保育施設の安全体制が心配だと思います。

今回の事故について次の点を保育施設側に確認する必要があるでしょう。

①事実関係を十分に調査したのか
②事故の原因は解明されたのか
③その原因はすでに排除されたのか
④排除の方法は再発防止のために十分か
⑤事故発生について自治体に報告したか

なお、実際には、意識不明の原因が保育士による行為（うつぶせ寝）だと特定できない可能性もあります。

映像などが残っているならともかく、事実関係については保育施設側の話が重要になります。証言に矛盾がないかなどを確認できるように、事故の状況について、いつ、誰が、どんな話をしたのかを証拠化しておきましょう。

※医師からうつぶせ寝をすすめられている場合を除く。

Q15

保育施設のトラブル

子どもが保育所で大けが。見守りが不十分だったとして、保育士を辞めさせたり体制を改善させたりできる？

参考となる法令など

●民法415条
●民法709条
●民法715条

A

まずは適切なヒアリングで経緯と原因を明らかにしてから責任の所在を検証しましょう。

解説 まず、保育施設で何があったのかを明らかにする必要があります。**どのような経緯で子どもが大けがに至ったのかによって、誰に、何を請求すべきかが違ってくる**からです。これは簡単そうで、意外と難しい場合が多いです。幼児にとっては、自分の身に起きたことを時系列に沿って正確に話すことは難しく、質問の仕方やタイミングによって、話が不安定になってしまうこともあるからです。

施設にカメラが設置されていて状況が録画されていたり、目撃者が複数存在し、その人たちがきちんと状況を説明できたりすればいいのですが、もしかしたら、目撃していたのは、幼児たちだけかもしれません。そうなると、事実を明らかにするために、早い段階で弁護士など専門家にも相談しつつ、施設側にも協力を求めながら適切なヒアリングなどを実施する必要があります。

ヒアリングの結果、たとえば、大けがの原因が遊具からの転落だとわかった場合は、見守りが不十分だったことなどについて、**子どもを預かることに伴い守るべき責任を果たしていなかったとして、民法に基づき保育施設側に治療費等を請求**することなどが考えられます。

また、**お友達からの加害行為でけがをしてしまったという場合には、やはり保育施設側の責任を追及したり、お友達の保護者に対する治療費等の請求**も考えられます。

保育士を辞めさせたりクラス替えをしたりなど、保育施設の体制を変えさせることについては、**法的に、必ずしもそれらを保育園に求めることができるわけではありません。**

でも、事故の原因が保育施設の体制にあると考えられる場合には、体制の改善を要望したいところですよね。その際は、同じ保育園の保護者にも協力を求めたり、Q14でも挙げた「教育・保育施設等における事故防止及び事故発生時の対応のためのガイドライン」なども参考にしながら、保育施設側に具体的な改善提案をし、話し合いをしてみるとよいと思います。

Q16
（保育施設のトラブル）

プールでおぼれたことを隠ぺいされた。説明と謝罪を求めたい！

A
内閣府のガイドラインを基に事故の状況・原因の検証と再発防止を求めましょう。

参考となる法令など
●教育・保育施設等における事故防止及び事故発生時の対応のためのガイドライン

解説 保護者にとっては、毎朝、「わが子が今日も安全に1日過ごせますように」と祈りながら子どもを保育施設に預けて、後ろ髪引かれる思いで仕事に行く日々。保育施設にいる間に子どもがプールでおぼれたなんてことがわかったら、本当に恐ろしい思いでいっぱいになりますし、さらには、その事故が隠ぺいされていたら、怒りを抑えられないだろうと思います。

まず大切なのは、何が起きたのか、事実関係を正確に知ること。

たとえば、子どもたちの会話から事故や隠ぺいに気付いたという場合は、その話を整理した上で、保育施設側に説明を求めます。

その際は、「許せない!」という気持ちはいったん抑え、子ども本人やお友達などから聴いた話をもとに淡々と説明を求めるのがよいと思います。

内閣府が公表している「教育・保育施設等における事故防止及び事故発生時の対応のためのガイドライン」には、保育施設での水遊び、プールの際に注意すべきポイントなどが書かれています。これに沿って、適切に水遊びの運用がされているか、確認してみるとよいでしょう。大事な聴き取りの機会なので、弁護士を同席させるという方法もあります。

聴き取りの結果、事故の事実が確認できたら、

①その件を保育施設側はどのようなルートで、いつ把握したのか

②保護者に報告しなかったのはなぜか

③事故の原因を検証し、再発防止策を講じたか

④今後、何らかの事故が発生した場合、保護者に対し迅速に報告すべきことを、各保育士にも徹底したか

などの確認をしましょう。

事故が起きたこと、隠ぺいしたことへの謝罪はもちろん求めたいところ。でも、真摯な謝罪というものは、なにより、起きた出来事とどこまで真摯に向き合えているかということにこそ現れます。①から④に挙げた点などについて、納得いくまで話し合うことが大切だと思います。

Q17 保育施設のトラブル

参考となる法令など

●教育・保育施設等における事故防止及び事故発生時の対応のためのガイドライン

保育所の安全管理に不安があるが園長が話に応じてくれない。

A できれば複数の保護者の声を集めて、市区町村の窓口や福祉サービス運営適正化委員会に相談を。

解説 保育士の不適切な対応や危険な遊具など、子どもの安全に直結する問題について改善を求めても、こちらの危機意識が伝わらず、迅速な対応がなされないのは不安ですよね。

安全管理の不徹底は、保育施設が保護者との間で交わす契約（安全に子どもを預かる）**に違反する可能性があります。**

まずは内閣府の**「教育・保育施設等における事故防止及び事故発生時の対応のためのガイドライン」**に沿って、安全管理が適切になされているか、保育施設に説明を求めましょう。このガイドラインでは、日常的な点検や保育中の安全管理について、施設内設備・遊具などのチェックリストの実例を挙げてわかりやすく説明されています。

それでも保育施設が誠実な対応をせず、保育の安全に関し心配が残る場合は、**市区町村の役所の窓口**（「こども家庭支援課」「不適切保育に関する専用相談窓口」など名称は自治体により様々です）や**都道府県の福祉サービス運営適正化委員会**などに相談するという選択肢があります。

可能であれば、同じ危機意識をもつ保護者とともに複数の声を届けるとか、危険な遊具の撮影をするとか、相談先に十分な情報を伝えることができるとよりよいかもしれません。

Q18 （保育施設のトラブル）

過度のおむつかぶれがあり、ネグレクトが疑われる。

A 保育所保育指針に沿って改善を要求してもだめなら自治体の窓口に相談を。

参考となる法令など

●保育所保育指針

解説 保育施設から帰って来たわが子のおむつがパンパンで、おしりが赤くかぶれていたら、「放置されていたのでは」と不安になると思います。それが何度も続いたら、保育の質を疑ってしまうこともあるでしょう。

厚生労働省が制定した「保育所保育指針」には、**「清潔で安全な環境を整え、適切な援助や応答的な関わりを通して子どもの生理的欲求を満たしていく。また、家庭と協力しながら、子どもの発達過程等に応じた適切な生活のリズムがつくられていくようにする」**と示されています。

不安な気持ちを担任の先生に伝え、要望を具体的にリクエストすることで状況が改善に向かうかもしれません。

たとえば、「肌が弱いので、家では○時間おきにおむつをチェックしています。園でも可能な範囲でおむつをチェックしていただけませんか？」などと相談を。言葉で説明しても伝わりにくい場合は、症状の写真を撮って説明するなど、状況がわかるようにしておくことも有効です。

それでもなお改善が見られず、保育施設の責任者に伝えても何も変わらない場合には、園での生活全般が不安になってしまいますよね。そのようなときは、自治体の窓口に相談してみるとよいでしょう。

Q19

保育施設のトラブル

登園時、スクールバスに1時間ほど置き去りにされた。具体的な再発防止策を示してほしい。

A

保育施設には民事・刑事・行政上の責任が生じます。国が公表したマニュアルの実践を。

参考となる法令など

●刑法211条（業務上過失致死傷罪）●児童福祉施設の設備及び運営に関する基準 ●こどものバス送迎・安全徹底マニュアル

解説 過去に、送迎バスに子どもが置き去りにされたことによる痛ましい事件が起きており、元園長らに業務上過失致死罪による有罪判決が言い渡されました。二度と同じことを起こさないために、各園に確実な対策が求められています。

保育施設の責任としては、一般的に①民事上の責任（損害賠償請求等）②刑事上の責任（業務上過失致死傷罪等）③行政上の責任（市区町村からの改善勧告等）があります。

①に関し、なぜ保育施設に民事上の責任が生じ得るかというと、**保育施設は保護者との間で、保育料を対価として子どもを預かるという契約を結んでおり、子どもを預かっている間、子どもが安全な環境で過ごすことができるという契約内容に反する**といえるからです。具体的にどの点が問題になるかは事実関係によるので、弁護士等に相談するのがよいでしょう。

送迎バスに関しては、「児童福祉施設の設備及び運営に関する基準」が改正され、2023年4月から対象となる施設には**①児童の乗降車の際に、点呼など確実な方法により児童の所在を確認すること②児童の見落としを防止するブザーなどの装置を車内に備えて降車時の児童の所在確認を行う**ことが義務付けられました。

また、国は緊急対策として、**「こどものバス送迎・安全徹底マニュアル」**を公表しました。この中では、バスの運転席に設置し、見落としがないかの確認をするためのチェックリスト、送迎業務モデル例、保育施設の体制確認のためのチェックシート例などが掲載されていて、実用的かつ具体的な方法がわかりやすく示されています。

「児童福祉施設の設備及び運営に関する基準」の改正点や「こどものバス送迎・安全徹底マニュアル」を踏まえ、保育施設がどのような対策を講じているのかを具体的に確認してみるのがよいと思います。もし保育施設からはっきりした回答がなく、具体的な対策をとる様子もなければ、Q17に記載したような相談先に相談を持ち掛けてみるのがよいかもしれません。

Q20

（保育施設のトラブル）

スクールバスの事故でけがを負った。治療費の請求や、運転手の解雇を求められる？

参考となる法令など

●民法709条 ●民法715条

A

治療費などを請求できますが、運転手の解雇を強制するのは難しいでしょう。

解説 子どもがけがを負った場合、民法709条に基づきその**治療費を請求できます**。仮に入院しなければならなくなったら**入院費、事故やけがによる精神的苦痛に関する慰謝料**、保護者が通院に付き添うために仕事を休まざるを得なかったとしたら、その**休業に関する損害分なども請求**を検討したいところです。

請求先は、事故の原因によります。

バスの運転手に100%の過失があるなら請求先はバスの運転手に、バスと衝突した車両の運転手に100%の過失があるならその相手車両の運転手に、いずれにもそれぞれ過失があるならその請求先はどちらに対しても可能になります。実際は、車両は保険会社と契約していることが多いので、運転手本人ではなく、保険会社の担当者とやりとりをすることが多いでしょう。

ただ、請求先がバスと相手車両の両方になり得る場合、請求できる金額が倍になるかというと、そうではありません。たとえば損害額が100万円だとしたら、トータルで請求できる金額は100万円です。通常は、いずれか資力がたしかな方に全額請求することが多いようです。

また、**バスの運転手を雇っている保育施設、その他会社に対し、使用者として損害賠償請求をすること**も考えられます（民法715条）。

バス運転手を解雇させられるか、という点については、**法的に、解雇を強制できるわけではありません**。バス運転手を雇う立場の保育施設等が、その運転手に解雇となるような行為が認められたかを検討し、対応することになると考えます。

保護者の立場からすると、事故の原因によっては、今後も同じ運転手が送迎をすることに不安を抱くこともあると思います。

もし、それ以前からも運転に不安な要素があったなどの事情があれば、そのような点も合わせ、できれば他の保護者にも協力を求めて、不安な気持ちを保育施設側に伝え、対応を検討してもらうのがよいでしょう。

Q21（保育施設のトラブル）

不審者対策が不十分で、誰でも門から入れる。改善を求めたい。

参考となる法令など

●認定こども園、幼稚園、保育所、小学校等における危機管理（不審者侵入時の対応）の徹底について

A 国が発出している安全対策についての通知を見せて徹底するよう伝えてみて。

解説 子どもたちはまだ自分たちで危険から身を守ることができないのですから、保育施設の不審者対策が不十分なら、保護者として不安を覚えるのはもっともです。

国から都道府県や市町村に**「認定こども園、幼稚園、保育所、小学校等における危機管理（不審者侵入時の対応）の徹底について」**という事務連絡がなされており、保育施設の安全対策について、次のように通知されています。これに沿って、保育施設に改善を求めましょう。

①不審者の侵入等緊急時の対応マニュアル整備、実践的な訓練、全教職員が不審者発見時の情報伝達や緊急時の役割分担、指示の流れや避難経路・避難場所等について共通理解を図ること。不審者を刺激させないほか速やかな避難行動を行うことができるよう、子どもに分かりやすい指示で安全に誘導することや、あらかじめ決めておいた文言を放送等で知らせること。

②門、囲障（塀やフェンス等）、外灯、窓、出入口、避難口、鍵等の状況、警報装置や監視システム、通報機器等の作動、**不審者侵入防止用の設備の状況等を点検・確認**すること。

③様々な場面や時間帯を想定した**実践的な避難訓練を行う**とともに、発達の実情に応じて、基本的な対処の方法を確実に伝えるなど、**子どもが緊急時の対処の仕方を身につけられるよう取り組む**こと。

④緊急時に備えた連絡体制や協力体制を保護者や、消防、警察などの関係機関との間で整えておくとともに、地域とのコミュニケーションを積極的にとり、あらかじめ緊急時の協力や援助を依頼しておくこと。

なお、②の門扉に関しては、保育所等整備交付金、学校安全総合支援事業、私立幼稚園施設整備費補助金等による補助が実施されていますので、その点もあわせて伝えてみてください。

万一**整備不十分な状態を放置し、安全管理を怠ると、今後、市区町村等から改善を求められる可能性もある**ことを指摘しながら、不安な気持ちを伝えてみてください。

Q22

（保育施設のトラブル）

参考となる法令など

●児童福祉施設の設備及び運営に関する基準9条の2（昭和23年厚生省令第63号）●保育所保育指針

保育士が子どもを叱るとき押し入れに閉じ込めるなど問題行為があるようだ。

A

「不適切保育」にあたります。各種指針や手引きを参照し調査と報告、改善を求めましょう。

解説 児童福祉法に基づく「児童福祉施設の設備及び運営に関する基準」では、**児童福祉施設の職員は、入所中の児童に対し、心身に有害な影響を与える行為をしてはならない**と定められています。これは、不適切な保育や施設内での虐待を禁止する旨の規定です。また、厚生労働省による「保育所保育指針」では、**「保育所は、子どもの人権に十分配慮するとともに、子ども一人一人の人格を尊重して保育を行わなければならない」**と定められています。

この観点に照らして改善が必要な行為を**「不適切保育」**と呼ぶことがあります。

厚生労働省のホームページでは、「不適切な保育の未然防止及び発生時の対応についての手引き」が示されており、不適切保育の行為類型として、**①子ども一人一人の人格を尊重しない関わり ②物事を強要するような関わり・脅迫的な言葉がけ ③罰を与える・乱暴な関わり ④子ども一人一人の育ちや家庭環境への配慮に欠ける関わり ⑤差別的な関わり**が挙げられています。

「閉じ込め」は身体的虐待にもあたり得ますし、「人格を尊重しない関わり」「物事を強要するような関わり」「罰を与える・乱暴な関わり」にも該当する不適切保育だといえるでしょう。

そして、閉じ込めにより、子どもが恐怖で混乱してけがを負ったり、トラウマになったりしてしまうかもしれません。さらに、熱中症などを引き起こしたり、閉じ込めたことを忘れて放置されたりなど、命に関わる事態にもなり得る危険な行為ですから、ただちにやめさせる必要があります。

まずは、実際に閉じ込められたり、それを目撃したりしていたお子さんやお友達の保護者などから話を聴いた上で、保育施設に調査を求めるのがよいと思います。

虐待、不適切保育の事実が確認できたら、保育施設に対し、その原因、再発防止策の検討、報告を求めましょう。もし納得のいく説明がなかったり、事実の調査もしてもらえなかったりした場合には、Q17で挙げた窓口に相談するのがよいでしょう。

Q23（保育施設のトラブル）

子ども同士の暴力や仲間外れを放置している。大きなけがなどはないが、改善を求めたい。

A

保育施設には、子どもの安全を守る「安全配慮義務」があります。調査と改善を求めましょう。

解説 保育中の出来事について親があれこれ相談すると、「子ども同士の関わりの中で成長するんですよ」と諭されてしまったり、過保護な親とかクレーマーと思われてしまう気がして、相談をためらってしまうこと、ありませんか？　私自身、初めての子育てで少し過敏になり過ぎたこともありましたし、理不尽な事態への対処法を子ども自身が身につける過程を見守ることも必要だったかなと、反省することもあります。

でも、現に子どもが傷ついているのなら、それを放っておくことはできませんし、暴力や仲間外れがエスカレートして深刻な事態に陥ることを避けなくてはいけませんよね。

保育施設は、単に子どもを預かるだけではなく、**子どもの生命および健康などを危険から保護するように配慮すべき義務（安全配慮義務）を負っています。**

もし**施設内で子ども同士の暴力があるのなら、これを放置することは安全配慮義務に違反**している可能性があります。

保育施設に不安な気持ちを伝え、**安全配慮義務に基づき、注意して子どもたちを見守り、状況を把握するなど、適切に対処するようにお願いをしてみましょう。**

また、お友達に気になる言動があったらなるべく早めに先生に報告し、お友達から話を聴いてもらったり、他に様子を見ていた先生がいないか確認したりして、事実関係を調べてもらうのがよいと思います。特に、幼児の場合は事実関係の確認が難しいことが多いので、早めに保育施設側に報告し、状況確認を求めましょう。

その上で、必要に応じて、気になる言動のあるお友達に対し注意してもらったり、わが子自身にも気を付けるところがあったらアドバイスをもらったりできるといいですね。

もし、何ら対応してもらえず、子どもを預けることに不安をぬぐえない状態になってしまった場合は、Q17でお話ししたような相談先への相談も検討するとよいと思います。

Q24

（保育施設のトラブル）

アレルギー除去食を忘れられた！園の責任を問いたい。

A ガイドラインを参考に再発防止を求めましょう。

参考となる法令など

●刑法211条（業務上過失致傷罪）●民法709条●保育所におけるアレルギー対応ガイドライン

解説 保育施設の責任としては、一般的に①民事上の責任②刑事上の責任③行政上の責任が考えられます。具体的にどのような状態だったのかにもよりますが、たとえば、全身にじんましんが出てしまうなど**身体の機能に障害を生じさせたなら②の業務上過失致傷罪の成立**も考えられ、この場合は警察署に被害申告をすることも考えられます。**治療費等が発生していれば①の民事上の責任として損害賠償義務**も生じ得ます。③の**行政上の責任として市区町村から勧告される**可能性もあります。

保育施設における誤食の主な要因は、ヒューマンエラーです。起きたことの責任を検討するにとどまらず、今後二度と同じことが起きないよう、厚生労働省が示す**「保育所におけるアレルギー対応ガイドライン」**などに沿った対応がなされているか、確認するとよいと思います。

たとえば、食事内容を記載した配膳カードを作成し、食物アレルギーを有する子どもの調理、配膳、食事の提供までの間に2重、3重のチェック体制をとること、食物アレルギーを有する子どもの食器の色などを変えて注意喚起することなどが挙げられます。

保育施設の対応に改善が見られなければ、Q17で挙げた相談窓口に相談してもよいでしょう。

Q25 保育施設のトラブル

急な閉園で仕事に行けず収入が減った。賃金を補償してもらうことはできる？

A 閉園と減収の相当因果関係を証明して補償を求めるのはなかなか難しそうです。

参考となる法令など
●民法415条

解説 保育園が突然の閉園。転園によりこれまでよりも高額な保育料や交通費がかかったり、親が仕事を休むことになり、収入に影響が出ることもあり得ます。これらの損害について、保育施設の運営主体に対し請求したいと考えるのはもっともなことだと思います。

保育施設は、保護者が就労するために、一定の時間子どもを預かるという契約を交わしているといえます。

一般論で考えると、サービスの提供を約束していたのに、何らかの落ち度があってそれができなくなった場合は、それによって生じた損害について支払義務を負うことになり得ます（民法415条）。

たとえば、保育施設の運営会社による保育士への問題対応があり、保育士の多くが退職して運営がままならなくなって閉園に至った場合には、サービスを提供できなくなったことに保育施設側の過失があったと評価される可能性がありそうです。

しかし、支払義務を負うのは、あくまでも、閉園と損害との間に相当因果関係※があると評価される損害についてです。実際は、**相当因果関係を証明するのは、なかなかハードルが高そうです**。個別の事実関係によっても異なると思いますので、弁護士に相談することもご検討ください。

※相当因果関係……社会通念上、行為Aから結果Bが生じることが相当であると考えられる場合にのみ、法律上の因果関係を認めるとする考え方。

Q26

保育施設のトラブル

発達障害を理由に入園を断られた。障害がある子どもは保育を受けられないの？

参考となる法令など

●障害を理由とする差別の解消の推進に関する法律 ●障害を理由とする差別の解消の推進に関する基本方針

A

障害を理由とした差別や不当な扱いは禁止されています。

解説

「障害を理由とする差別の解消の推進に関する法律」（いわゆる障害者差別解消法）**は発達障害も対象**です。この法律では、行政機関と事業者に対し「障害を理由として障害者でない者と不当な差別的取扱いをすることにより、障害者の権利利益を侵害してはならない」と定められています。

保育施設においても、公立かそれ以外かにかかわらず、障害を理由として不当な差別的取扱いをしてはいけません。

また、内閣府が公表している「障害を理由とする差別の解消の推進に関する基本方針」では、障害を理由に異なる取扱いをする場合は、「正当な理由」があるかどうかを個別事情に基づき判断した上で、その理由を説明し、理解を得るよう努めることが求められています。ですから、**ただ発達障害を理由に入園を拒否するのは、不当な差別に該当する**可能性があります。

仮に入園できても、その後、子どもの特性に応じた対応がなされるかという点も気になるところだと思います。

法律では事業者や行政機関等に対し、障害のある人からバリアを取り除くための対応を求められたときは、負担が重すぎない範囲で対応する**合理的配慮**の提供をしなければならないと定めています※。ですから、**子どもが保育施設での生活に困りごとを抱え、それを訴えているのに放置するのは、合理的配慮の不提供として差別にあたる**場合があります。

保育施設に対しては、発達障害を理由として入園を拒否するのは不当な差別的取扱いにあたると伝え、入園受け入れを求めるとともに、入園後に必要な合理的配慮について具体的に要望を伝えてみてください。

もっとも、保護者としては、入園を拒否してきた保育施設と対話を重ねること自体がしんどく感じられるかもしれません。そんなときは、弁護士に依頼して話し合いをするとか、Q17でお話しした相談先に相談してみるとか、場合によっては、他の保育施設への入園を検討するのも選択肢になるかもしれません。

※令和5年7月現在、合理的配慮の提供は事業者に対しては努力義務となっていますが、改正法の成立により、令和6年4月からは義務化されます。

Q27

保育施設のトラブル

子どもの顔写真や名前が無断で園のホームページに載っていた！掲載をやめさせたい。

A

権利侵害であることはもとより子どもを危険にさらす行為です。公開中止を求めましょう。

ギョっ

○○保育園

参考となる法令など

●プライバシー権の侵害 ●肖像権の侵害

解説 最近は保育施設のホームページなどでも、写真の閲覧ページにはパスワードが必要だったり、顔がわからないように加工して公開されていたり、個人を特定できる画像や情報の公開には厳重に注意していることが多いようです。入園時に、顔などがわからない状態にすることを前提に、掲載を了承するかどうかを保護者に書面で確認する運用もありますよね。

無断で子どもの名前や顔写真等をSNSを含むネット上に掲載することは、プライバシー権、肖像権の侵害になり得る行為です。

そして、人権の侵害という以上に、**子どもの名前や顔写真等をだれもが見られる場に公開することは、子どもを危険にさらす行為**にもなり、見過ごすわけにはいきません。

無断で名前や顔写真等を掲載されてしまったら、**ただちに公開をやめるように求める**べきだと考えます。

保育施設等において、子どもの名前や顔写真等の取扱いについて、それぞれの職員の規範意識が不十分である可能性もあり、職員が、保育施設の子どもたちの顔写真等を個人のSNSに投稿してしまうなどの不安もぬぐえません。

そのようなことがないように、**保育施設全体で子どもたちのプライバシー権、肖像権を守る重要性をしっかり定着させる**よう、この機会に求めるのがよいと思います。保育施設において改めて全職員による研修の場を設けるなどして、ルールの確認、周知を図るよう求めましょう。

なお、お友達の保護者が、わが子も写っている写真をSNS等に無断で投稿してしまうといったこともあるでしょう。家庭により考え方は様々ですし、悪意はないでしょうから、トラブル防止のために「うちは子どもの写真は公開しない方針だから、お互い限りで共有して、SNS等には投稿しないようにしましょうね」「SNSに投稿する場合は、顔にスタンプをつけるなど加工をした上で、一言お知らせしてください」などと事前に伝えておくとよいかもしれませんね。

Q28

（親が気を付けたいこと）

参考となる法令など

●プライバシー権の侵害

自分の子どもだったら、写真や子育てエピソードをSNSに投稿してもいい？

A

意図せぬ拡散、悪用など子どもに危険が及ぶことを想定し、慎重に考えましょう。

解説 たしかに、保護者自身の意思であれば他人との間でトラブルは生じないのかもしれません。また、ふだん会うことのない知人や親戚などに子どもの近況を知らせることができるという利点もありそうです。SNSに投稿された育児エピソードに元気づけられた経験をおもちの方もいるかもしれません。

しかし、子どもに関わる情報をSNS等で公開することについては、いろいろなリスクが考えられます。

たとえば、**子どもの写真が誹謗中傷の対象になったり、性的な目で見られたりする**ことが考えられます。**その写真が第三者のSNS等に投稿され、心ないコメントとともに拡散される可能性**もあります。写真に写る背景や他の投稿と合わせ、**自宅や通っている保育施設などが特定されて危険な目に遭うおそれ**もあります。

また、仮に今は子ども本人が顔写真等を公開されることについて確たる意思をもっていなくとも、成長とともに意思が形成され、あとあと「自分の顔写真をSNSに公開されたくなかった」と考えるかもしれません。

匿名で、写真などもつけないエピソードの投稿なら個人が特定されることはないから問題ないと考えるかもしれません。

しかし、子どもと親は別人格で、それぞれ人権があります。ですから、**子どものことを勝手に投稿するのは、内容によってはプライバシー権の観点から問題がある**場合があるかもしれません。エピソードだけであっても見る人が見れば個人を特定でき、それによって子どもがいじめ等の被害に遭うことも想定されます。

子どものことをSNS等に投稿することでどんなリスクがあり得るかを検討し、慎重に考える必要があると思います。投稿の公開範囲を限定したり、顔や背景がわからないように編集したりする方法も選択肢に入れながら、子どもにリスクが及んだり、子どもの心に傷を負わせることがないようなSNS利用の仕方について考えてみるのがよいと思います。

Q29

（親が気を付けたいこと）

言うことを聞かない子どもについ手を上げてしまった。虐待で通報されてしまう？しつけのためなら許される？

参考となる法令など

●民法820条 ●民法821条 ●児童虐待の防止等に関する法律 ●児童福祉法 ●刑法204条（傷害罪） ●刑法208条（暴行罪）

A

いかなる理由や関係性であっても体罰や虐待は禁止されています。暴行罪・傷害罪に該当する行為です。

解説 **「しつけのため」であっても、子どもに手を上げることは許されません。**

民法では、「親権を行う者は、子の利益のために子の監護及び教育をする権利を有し、義務を負う」とし、その監護と教育をするにあたっては、「子の人格を尊重するとともに、その年齢及び発達の程度に配慮しなければならず、かつ、**体罰その他の子の心身の健全な発達に有害な影響を及ぼす言動をしてはならない**」と定められています。

以前の民法では、親権者が、監護、教育に必要な範囲で子を懲戒することができると定められていましたが、この懲戒権が、児童虐待を正当化する口実にされているとの指摘を受け、懲戒権の規定が削除されるとともに、**体罰が明確に禁止**されました。

また、「児童虐待の防止等に関する法律」（いわゆる児童虐待防止法）では「児童の親権を行う者は（中略）**体罰その他の児童の心身の健全な発達に有害な影響を及ぼす言動をしてはならない**」「児童虐待に係る暴行罪、傷害罪その他の犯罪について、当該児童の親権を行う者であることを理由として、その責めを免れることはない」と定められています。

体罰以外でも、**著しく監護を怠ること**（ネグレクト）、**子どもに著しい暴言を吐いたり、著しく拒絶的な対応をすること**（心理的虐待）**は虐待に該当**し、法律で禁止されています。

ですから、子どもの泣き声、保護者の怒鳴り声、大きな物音などを聴いた第三者が、体罰、虐待を疑い、児童相談所に通告、相談するということはあり得ることです。

一般論になりますが、通告されると、自宅に児童相談所の職員が訪問し、事情を聴くこともあります。状況によっては子どもを一時保護するという判断をすることもあり得ます。子どもをたたいたとか、けがを負わせたなどという場合には、暴行罪、傷害罪に該当し得るため、警察の取調べを受ける事態にもなり得ます。

親自身のメンタルサポートが必要な場合もあるかもしれません。自治体の支援窓口等への相談も検討を。

COLUMN

わが子へのイライラが抑えられないとき

Q29のようなケースのとき、保護者自身が、大事なわが子に手を上げたり怒鳴ったりしてしまう自分自身を思い悩み、悪いことだとわかっているのにどうにもできない現状に行き詰まっているのではないかと思います。

そんなときは、2つの方法が有効かなと思います。

1つ目は、とにかく人に相談すること。

私はよく、自治体の子育て相談窓口に電話で相談しました。悩みの内容に応じて、より適切な窓口につないでもらうこともできます。

「プライベートなことを相談するなんて恥ずかしい」「悪い親だと思われるのではないか」とためらってしまうかもしれません。でも、家族や友人などと比べ、一歩引いた立場で話を聴いてもらえるので、私は、むしろ話しやすいという印象を受けました。

2つ目は、ご自身の内面と向き合うこと。

私が子どものふるまいにカッと腹が立つときは、だいたい「本当は〜すべきなのに子どもが思ったとおりに動かない」という場合が多いように思います。そんなときは、「私は『〜すべき』に囚われていないか?」と自分に問いかけ、イライラのもとに働きかけてみると、少し冷静になれるように感じます。

また、ご自身が心身ともに疲れきっていて、余裕のある対応ができていない可能性もあります。周囲に相談したり、お休みの時間をとる方法を考えたりして疲れをとることも大事なことだと思います。

いけないとわかっているのに、してはいけない言動に出てしまうときは、自分自身が周囲に助けを求めた方がよい“サイン”だと受け止め、丁寧にその状態と向き合うことが必要なのかなと思います。相談窓口についてはP32をご覧ください。

PART 3

いつでも身近にあるキケン

報道で、子どもが巻き込まれるトラブルなどを見聞きすることはあっても、どこか「他人事」に感じられていること、あると思います。でも、実は、子どもの日常のすぐそばに、ちょっとした不注意から加害者側になってしまったり、深刻な被害に見舞われたりするリスクの芽が思いがけず存在します。まずは、どこにリスクがひそんでいるのかを知ることが予防の第一歩です。

Q30

交通トラブル

キックバイクで走行中に人に衝突してけがをさせてしまった。

A

治療費等の支払義務が生じます。重大事故になる可能性もあるので必ず親が見守りましょう。

参考となる法令など

●民法709条 ●民法712条 ●民法714条

解説 幼児のうちは、三輪車やキックバイク（ペダルのない幼児用二輪車）に乗っているときに、他人にぶつからないように気を付けて運転することは期待できないもの。楽しさでいっぱいになり、三輪車やキックバイクを歩行者などに衝突させてしまう……ということもあるかもしれません。

特に**キックバイクは、場所によってはスピードも出るので、ご高齢の方などに衝突させてしまった場合、相手が重いけがを負う**事態にもなりかねません。

そのような事故が起きてしまった場合、民法に基づき、治療費や慰謝料等を請求される可能性があります。法的責任の所在としては、基本的にはQ7と同様で、子どもが幼い場合、治療費等の支払義務は保護者に生じ得ます。万一の事故に備え、子どもが他の方にけがを負わせてしまった場合などに適用される保険に加入しておくことも選択肢として考えてみるといいかもしれません。

なにより、三輪車やキックバイクで他人にけがを負わせるという事態は未然に防がなければなりません。

三輪車やキックバイクは、あくまでも、保護者がそばについていて、危険なことが起きそうになったらただちにストップできる状態で見守ることが想定されていると思います。運転に慣れてくると、つい、お子さんから目を離してしまうこともあるかもしれませんが、慣れてきたタイミングこそ危険だといえそうです。

消費者庁の発表では、「この遊具は、ペダルがないため、道路交通法で定められた自転車には該当しません。歩行者や自転車との接触・衝突などの危険性があるばかりでなく、自動車との大きな事故につながることも考えられます。道路での使用は絶対にやめましょう」としているほか、坂道や傾斜のある場所での使用をやめるよう注意喚起しています。もちろん、**キックバイクに乗る際には必ずヘルメットを着用**しましょう。

事故を防ぐために、普段から、運転するときの注意事項はしっかり伝えるとともに、運転中は保護者が近くで見守ることが大切です。

Q31 交通トラブル

参考となる法令など
●民法722条

子どもが車道に飛び出して交通事故に遭ってしまった。

A こちらに落ち度があれば、全額の支払いは期待できません。

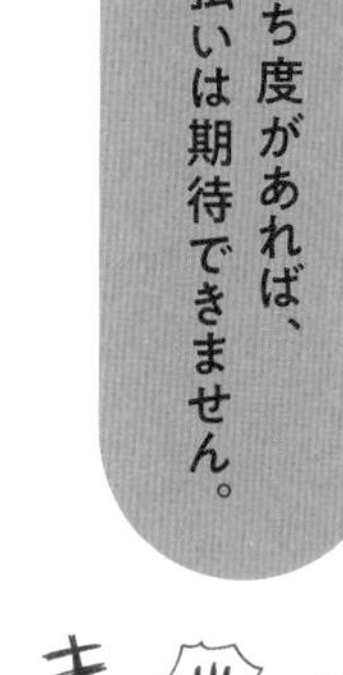

解説 保護者としては、治療費などを請求したいという気持ちとともに、こちらの落ち度を考えると複雑な思いになるのではないでしょうか。

このようなケースで問題になるのは「**過失相殺**」です。

これは、**交通事故の被害者にも落ち度がある場合に、その事実を考慮して損害賠償の金額に減額**という形で反映させる制度です。被害者と加害者との間で、損害を公平に分担するという考え方に基づいています。

たとえば、治療費等で10万円の損害が発生した場合、本来は相手に対する10万円の請求が認められるところ、被害者の過失割合が3割あったら、相手には7万円の請求のみ認められるということです。

過失割合は、歩行者側の信号の色、車両側の信号の色、横断歩道の有無等、個別の事情を考慮して評価されます。

ただし、過失相殺の前提として、被害者自身が損害の発生を避ける能力を持ち合わせていることが必要になり、だいたい6歳前後が基準となります。**幼児だと、そもそも飛び出しによる危険を認識する能力がないため、被害者側の保護者が見守りを怠ったことが過失**として考慮され、賠償額が減額されることがあります。

Q32 交通トラブル

親が運転する車で事故に遭い、子どもにけがを負わせてしまった。

A 家族に対しても過失運転致傷罪が成立します。6歳未満の子どものチャイルドシート未着用やながら運転などは道路交通法違反になります。

参考となる法令など

●自動車の運転により人を死傷させる行為等の処罰に関する法律 ●道路交通法 ●交通の方法に関する教則

解説 親が運転中に事故を起こし、それによって同乗者である子どもがけがを負ってしまった場合、運転者に注意すべき義務の違反があれば、「自動車の運転により人を死傷させる行為等の処罰に関する法律」に定められている過失運転致傷罪が成立し得ます。

また、6歳未満の子どもがチャイルドシートを未着用だった場合や※、運転者が「ながらスマホ」運転だった場合は、道路交通法に違反します。「交通の方法に関する教則」（令和元年12月1日施行）には、「走行中はスマートフォンなどの携帯電話などを使用したり、カーナビゲーション装置などに表示された画像を注視したりしてはいけません」と明記されています。

なお、刑事責任とは別に、子どものけがの治療費についても考える必要があります。

相手車両の運転者に事故に対する落ち度があるなら、相手車両の運転者に治療費を請求することになるでしょう。

相手車両の運転者に落ち度がなく、運転者である親に落ち度がある場合は、自賠責・任意保険からの支払いを考えることになりますが、任意保険については家族が補償対象にならないものがあるため、契約内容を確認しましょう。

※例外的にチャイルドシートの着用が免除される場合もあります。

Q33 交通トラブル

子どもが自転車に接触して転倒。自転車は立ち去ってしまった。

参考となる法令など

●道路交通法

A **自転車には負傷者救護と警察への報告義務があります。後の事態に備えるためにも、すぐに通報を。**

解説 スピードを出して歩道を走行している自転車と接触する事故の事例は、少なくありません。このような場合は、**警察に通報したほうがよい**です。

自転車は道路交通法上の「軽車両」にあたり、車の仲間として位置づけられます。ですから、自転車は、**交通事故を起こした場合、法律により①負傷者を救護し②直ちに最寄りの警察署の警察官に交通事故が発生した日時、場所、死傷者の数、負傷者の負傷の程度、損壊した物や損壊の程度などについて報告する義務**を負います。

万一自転車が立ち去ってしまった場合には、必ず警察に通報しましょう。

幸い子どもにけががないように見えても、後日、痛みが出てきたり検査を要する事態になったりするかもしれません。警察に報告せず、捜査がなされないと、いざ治療費等を相手に請求したいときに、運転者を特定できなかったり、事故状況を証明できなくなったりすることも考えられます。

なお、もしわが子が自転車に乗っていて人に接触したものの、そのまま帰宅してしまったことが発覚した場合には、すぐに最寄りの警察署に連絡し、事故の申告をするのがよいでしょう。前述の①②については、ふだんから子どもに伝え、万一の場合に備えておきたいですね。

自転車の交通ルール

ついつい見落としがちな交通ルールはありませんか？　今一度、親子で確認を。

● 自転車は車道が原則

違反した場合の罰則が定められています。

● 自転車の右側通行は禁止

違反した場合の罰則が定められています。

● 次のような場合は、自転車でも歩道を通行できます

①道路標識や道路標示で指定された場合
②運転者が13歳未満、70歳以上、身体の不自由な方の場合
③車道や交通の状況からみてもやむをえない場合

● 歩道では歩行者優先で、車道寄りを徐行

ベルを鳴らして歩行者に道を空けさせてはいけません。
違反した場合の罰則が定められています。

● 親も子もヘルメットを着用しましょう

年齢を問わず全ての自転車利用者に対して、ヘルメットの着用が努力義務となっています。

こんなことにも要注意!

- 信号無視は禁止されています。違反した場合の罰則が定められています。
- 夜間のライト無点灯は禁止されています。違反した場合の罰則が定められています。
- 飲酒運転は禁止されています。違反した場合の罰則が定められています。
- スマホなどを操作しながらの運転は禁止されています。違反した場合の罰則が定められています。
- 傘さし運転は禁止されています。違反した場合の罰則が定められています。
- チャイルドシート以外での二人乗りは禁止されています。違反した場合の罰則が定められています。
- 横並び運転は禁止されています。違反した場合の罰則が定められています。
- 多くの都道府県の規則で、自転車でのイヤホン使用が禁止されています。

※令和5年7月現在の情報です。道路交通法は、道路交通をめぐる情勢に対応し改正されることが多いため、ニュースなどにも気を付けましょう。

※政府広報オンライン「知ってる？　守ってる？　自転車利用の交通ルール」を参考に編集しました。
https://www.gov-online.go.jp/featured/201105/index.html

Q34

性被害・性加害

公園のトイレに連れ込まれへんなことをされたらしい。幼いので詳細がわからないが警察に通報するべき?

A 子どもへのわいせつ行為は犯罪です。警察や児童相談所に早急に相談を。

参考となる法令など

●刑法176条(不同意わいせつ罪)●刑法177条(不同意性交等罪)

解説 **16歳未満の子どもへのわいせつ行為や性交などは刑法の「不同意わいせつ罪」「不同意性交等罪」に該当する行為です**※。性被害がうかがわれた場合は、なるべく早く、警察、児童相談所等の専門機関に相談をしてください。

保護者としては、「被害の詳細がわかりにくい状態で警察に相談したら迷惑になるのでは」「親が聴き取って、もっと状況が明確になってから相談に行くべきでは」と、ためらうお気持ちがあるかもしれません。

しかし、**初期対応を誤ると、結果として、真実にたどりつけずに正しい対処ができなかったり、子どもの心に傷を残してしまったりする**ことがあります。

子どもは、年齢が低いと、体験した出来事を時系列に沿って正しく話せないことがあり、質問の仕方によって、事実と異なる内容を話してしまうことがあります。

たとえば、「○○されたのかな?」という質問をしたとします。すると、実際は少し違うのに、その違いをうまく認識、言語化することができずに「うん、されたよ」などと答えてしまうことがあります。ですから、子どもの記憶を正しく確認するには、質問の仕方を工夫する必要があるのです。

また、心配のあまり何度も質問を重ねることで、子どもの心の中につらい記憶を刻み込んでしまう場合もあります。

この点、**速やかに警察等に相談すると、必要に応じ、児童相談所、警察、検察など多機関により構成された専門家チームが対応してくれる**場合があります。代表者が子どもの話を聴き、別室で他のメンバーが立ち会うことで、より子どもが話しやすい環境で、体験したことをありのままに話せる状況を作ったり、録音、録画により、被害に遭って間もないタイミングでの話を正確に残すことができたりします。

子どもの性被害を察知した場合は、速やかに警察等の専門機関に相談することで事実を明らかにするとともに、必要なケアを考える必要があると思います。

※13歳以上16歳未満の場合は、相手の年齢によっては犯罪に該当しない場合があります。

Q35

性被害・性加害

参考となる法令など

●民法709条　●民法712条　●民法714条

ふざけてお友達の服を脱がせた。相手の親は怒っているが、子ども同士のいたずらだから問題ないのでは？

A

慰謝料を請求される可能性も。
プライベートゾーンの大切さについて親子でよく話し合いを。

解説 幼い子どもがふざけてお友達の服を脱がせたり、いやがるお友達にキスをしたり、スカートめくりなどをしたりした場合、たしかに、子どもが刑事責任を負うことはありません。

だからといって、事態を放置することは望ましくないと思います。

内容、程度によっては、お友達が深く傷ついたり、それによって保育施設などに行けなくなったり、外に遊びに行けなくなったりしてしまうことも十分考えられます。その場合、**お友達の負った心の傷について慰謝料等を請求される**可能性もあります。

なにより、今後の子ども自身のことを考え、この事態には丁寧に向き合う必要があると思います。

お友達の服を脱がせること、一方的に体に触れたり、キスをしたりすることの意味を幼いころから伝えることは大事です。**水着で隠れる胸や性器、おしり、そして口は「プライベートゾーン」といって、見ようとしたり、同意なく触れたりしてはいけない**ことを伝えましょう。また、**プライベートゾーンを見られたり触られたりした場合や、見せられたり触らせられたりした場合にも、親や信頼できる大人に教えてほしい**ということも伝えましょう。

こうした声掛けが自分の体を大切に扱うことにつながり、その知識が、子ども自身が性被害に遭うこと、そして無自覚に加害者となってしまうことから守ってくれるはずです。

家庭で、幼い子どもに性についてどのように伝えるかを考える場面に直面していると思います。保護者として考え、お子さんに伝えた内容を、お相手にも報告することで、わが子の行動と真摯に向き合ったことや、謝罪の気持ちも伝わりやすくなるかもしれません。

子どもの年齢や成長の段階などによっても、性について話す適切なタイミングや内容は変わってくるかもしれません。最近は性教育の絵本などもたくさんあるので、それらを参考にしてみたり、不安なことがあれば、自治体の子育て支援の窓口などに相談するのもよいと思います。

Q36
（性被害・性加害）

参考となる法令など
●刑法176条（不同意わいせつ罪）

男性教諭が挨拶するときに男児の性器を触っている。同性同士なら騒ぐほどでもない？

A
性別を問わず子どもへのわいせつ行為は犯罪です。

解説 「不同意わいせつ罪」は、行為に同意しないという意思の形成・表明等が困難な状態にさせるなどしてわいせつ行為をした場合に成立します。また、16歳未満の人に対しては、わいせつな行為をすれば成立し得る犯罪です。

もしかすると、被害者は女性、加害者は男性というイメージがあるかもしれませんが、**被害者、加害者の性別に限定はありません。男性が男性に対してわいせつな行為をしたとしても、もちろん、犯罪は成立し得る**のです。

男性教諭が挨拶ついでに男児の性器を触るという行為が不同意わいせつ罪に該当するかどうかは、具体的な事実関係によって評価が分かれるかもしれません。でも、それが犯罪にあたるかどうかはいったんおくとしても、性器を触るという行為はあってはなりません。

特に、子どもの立場からすると、保育士や先生、指導者などの存在は特別で、「言うことを聞かなければいけない人」という見方になっていることも多いと思います。そんな相手に性器を触られるだけでも不快感や恐怖を覚えるであろう上、立場を考えていやな気持ちを言えない苦痛はとても大きいはず。子どもが心に傷を負ってしまうかもしれません。

また、そのような行為の積み重ねは、「挨拶のついでなら他人のプライベートゾーンを触っても問題ない」「少しぐらいの性的なスキンシップなら、当たり前のこととして受け入れなくてはいけないことだ」という**間違った考え方を刷り込むことになり、さらなる性被害につながったり、意図せず性加害側に立ってしまったりすることになりかねません。**

子どもからそのような話を聴いたら、保育施設や学校に相談し、対応を求めるのがよいと思います。求めに応じない場合は、自治体窓口への相談も検討を。

また、子どもに対しても、これは黙って受け入れなくてはいけない行為などではなく、断じて許されないことだと伝え、勇気を出して打ち明けたことを子ども自身が「言ってよかった」と受けとめられるような言葉かけをしたいですね。

Q37

（性被害・性加害）

参考となる法令など

●刑法176条（不同意わいせつ罪）

プライベートゾーンを親戚から触られた。偶然なのかスキンシップなのか……。

A

子どもの訴えを「なかったこと」にせず、事実関係の確認と対応を。

解説 子どもが受けた行為が不同意わいせつ罪にあたるかどうかは、個別の状況により判断が分かれます。まずは状況をじっくり聴き取りましょう。

もし見過ごせない事態ならば、相手が親戚という間柄だとしても、警察に通報することも検討を。

相手がふだんからお互いの家に行き来して家族ぐるみで付き合いのある親戚だったりすると、対応に悩みますよね。

もしたまたま接触しただけで勘違いだったら、わが子がうそつき呼ばわりされてしまうのではないか……いやらしい気持ちからではなく、かわいがってくれている中でのことだったら……勇気を出して「触らないで」と言った結果、今後のお付き合いが気まずくなってしまうかもしれない……大ごとにして親戚中に知られたら相手から逆恨みされるのではないか……そんなことを考えてしまうと思います。

その場の状況や相手との関係によっても、対応の仕方は慎重に考える必要はありますが、**子どもの訴えをなかったことにしてしまうのは避けたい**ところです。

なぜなら、子どもに「訴えてはいけなかったんだ」「触られたことは恥ずかしいことだから、それを口にするのも恥ずかしいことだったんだ」「この程度のことはよくあることだから、我慢しなくてはいけないんだ」という思いを植え付けてしまう可能性があるからです。**事態を放置することで、さらなる性被害につながる**可能性もあります。そのとき、「親に言ってもどうせ何もしてくれないから」と、子どもが被害を訴えなくなってしまうことも考えられます。

相手の方には、プライベートゾーンについて家庭でどんな話をしているか、機会を見つけてさりげなく伝えてみるのもよいかもしれません。

程度や状況次第では、触るのをやめるよう率直に伝えたり、その人とは距離を置き、接触の機会をなくしたりしたほうがよい場合もあるでしょう。相手との関係等を踏まえ、子どものために、どう伝えたら今後の不安がなくなるか、家庭で相談しながら対応してみるのがよいと思います。

Q38

（性被害・性加害）

子どもが肌を露出した写真を撮影されていた。ＳＮＳに投稿しなければ問題ないだろうか？

参考となる法令など

●児童買春、児童ポルノに係る行為等の規制及び処罰並びに児童の保護等に関する法律 ●性的な姿態を撮影する行為等の処罰及び押収物に記録された性的な姿態の影像に係る電磁的記録の消去等に関する法律

A

速やかに写真の削除を求めましょう。写真をもっていること自体が犯罪となる可能性もあります。

解説 写真の内容によって、対応は違ってくると思います。露出の程度、どの部位にフォーカスしているか、どんなポーズかなどによって、その写真のもつ意味、与える印象が変わってくるからです。顔がはっきり写っているかどうかという点も気になるところです。まずは、どんな写真なのか、実際に見て確認することは大事だと思います。内容次第では、**その写真が「児童ポルノ」**にあたる可能性もあります。

所持の目的にもよりますが、「児童買春、児童ポルノに係る行為等の規制及び処罰並びに児童の保護等に関する法律」（通称児童買春・児童ポルノ禁止法）に示される「**衣服の全部又は一部を着けない児童の姿態**であって、殊更に**児童の性的な部位**（性器等若しくはその周辺部、臀部又は胸部をいう。）**が露出され又は強調されているものであり**、かつ、**性欲を興奮させ又は刺激するもの**」にあたる場合、**写真の所持自体が犯罪**となり得ます。また、性的姿態撮影等処罰法では、正当な理由なく16歳未満の子どもを対象として性的な姿を撮影などすることも禁止されています。

犯罪かどうかはおいておくとしても、これは慎重に対処すべきことです。

まずSNSに投稿しないという言葉をうのみにするのは、リスクがあるといえます。人を疑うようで、とても嫌な話ではありますが、今はその人と良好な関係だとしても、今後、関係が悪化したときにどうなるか、ということまで想定する必要があると思います。また、その人が悪意なく、知人に軽い気持ちで見せたことで、その知人によって写真がSNSに載せられてしまったり、性的な対象として見られてしまったりという危険もあります。写真に子どもを侮辱するような心ないコメントをつけられて拡散されるかもしれません。将来成長した子どもが、そのことを知り、精神的に苦痛を味わうかもしれません。

このように考えると、やはり、**子どもの肌を露出した写真を撮影された場合は、速やかに、削除するよう求めるのがよい**と思います。ウイルス感染でデータが外に出てしまう可能性などを理由に、不安な気持ちを伝えるのもよいかもしれません。

Q39

性被害・性加害

参考となる法令など

●児童買春、児童ポルノに係る行為等の規制及び処罰並びに児童の保護等に関する法律

園のホームページに水着姿の写真を掲載された。顔は特定できないが、掲載を拒否できる？

A 性的対象として見られる危険性も。ただちに削除を求めましょう。

解説　たとえ顔を特定できなくても、子どもの水着姿を掲載されるのは保護者としていい気持ちがしないという感覚は、もっともだと思います。

個人の特定ができないのであれば、肖像権侵害を主張することは難しいですが、知らぬ間に性的対象として見られてしまうなどの危険性もあります。そのような写真を掲載されることについての不安を、率直に保育施設側に伝えてみるとよいと思います。

写真をホームページで公開されることにより**子どもたちの水着姿が性的対象として見られたり、そこに心ない性的なコメントを添えて拡散されたりするリスク**があること、子どもたちが保育施設内で水着姿で活動する機会があると公表することで、**子どもたちを危険な目に遭わせる可能性がある**ことなどを具体的に指摘し、写真をただちに削除してほしいと伝えるのがよいと思います。他の保護者と一緒に保育施設に声を届けるのもよいかもしれませんね。

そして、そのような保育施設においては、子どもたちの写真の取扱いに関し、ほかにも不安な要素があるかもしれません。この機会に、**園内での写真撮影、その保管、取扱いのルール**を確認し、問題があれば保育施設側に指摘しておくと、今後の安心につながると思います。

Q40

性被害・性加害

パンツ一丁の水遊びが、園の外から丸見え。中止させることはできる？

参考となる法令など

●児童買春、児童ポルノに係る行為等の規制及び処罰並びに児童の保護等に関する法律

A 子どもたちを性被害から守るため、早急に保育施設に対応を求めましょう。

解説 不安に思う気持ちを保育施設に伝えてみるのがよいと思います。伝えるにあたっては、次のような点を具体的に伝えるのがよいでしょう。

●子どもたちの裸が保育施設の外にも丸見えになっていることで、**子どもたちの裸を性的対象として見られたり、盗撮されたり、SNS上で拡散されたりするおそれがあること。**

●そのような画像が悪意ある編集をされるなどし、**児童ポルノとして売買の対象になるおそれがある**こと。

●**子どもが嫌がっている**こと。

●本来、水着で隠れる胸や性器などのプライベートゾーンは簡単に人に見せたり触らせたりしてはいけないという教育をすべきところ、これに反することをしており、**子どもたちの警戒心育成の支障になり得る**こと。

このような保育施設側の姿勢は、子どもたちを性被害等から守るべき立場として、意識に欠けるところが見受けられます。この機会に、保護者が抱いている不安を伝え、職員に対する教育も求めるなどし、今後の保育に不安のない体制を整えてほしいですね。

もし、そのような伝え方をしてもなお、改善が見られないようであれば、Q17でもお話ししたとおり、保育施設以外の相談先に相談してみることも検討するとよいかもしれません。

COLUMN

「いや」と言うこと、「いや」を尊重すること

わいせつ被害に遭うことや、意図せず加害側になってしまうことを防ぐために、大人である私たちは、子どもたちに、自分の「いや」を明確に伝えること、他人の「いや」に耳を傾けることの大切さを教えなければいけないと思っています。

そして、このことを教えるための大前提として、大切なことが2つあると思います。

1つ目は、自分自身の「いや」を含む「こうしたい」の感情を知ることです。

自分が何を不快に思い、何に幸せを感じるのかということは、自分自身のことだから、当たり前のように知っていると思いがちです。でも意外と、「こう感じたら、人からどう思われるかな」などという感情にじゃまをされ、自分の素直な気持ちをごまかしてしまったり、なんとなくわかった気になってしまったりすることも多いと思います。「本当はどうしたいのか」という本心を知ることは、「いや」を伝える大前提としてとても大切なことです。そのために、私は、日常のちょっとした場面で、子ども自身が自分の本心からの「こうしたい」を探る習慣がつくように意識しています。

できる限り、私が先回りして「こうしたいの?」などと聴いてしまうのでなく、「どうしたい?」と聴き、子ども自身が「これが自分の気持ち」と納得して答えるまで待つ余裕をもちたいなと思っています。たとえば、「今日の夜ご飯は何が食べたい?」と子どもに質問し、子どもの「これ食べたい!」が出てくるのを待つ、というような本当に小さなことからのスタートでもいいんじゃないかなと思っているのです。

2つ目は、私たち親が、子どもの「いや」を尊重することです。

私たちが、子どもがせっかく発信した本当の気持ちに向き合わず、親の都合を押し付けたり、子どもの気持ちを否定したりしてしまっては、子どもが自分の気持ちを抑え込むようになってしまったり、「人の『いや』を自分の都合で否定しても構わないんだ」と思い込んでしまったりするはずです。

日常的に、親が子どもの気持ちに真正面から向き合い、尊重することも大切なことだと感じます。その際は、もしかしたら、子どもが親に対して「いや」と言いたくてもいろいろな思いから言えないこともあるかもしれないな、ということにも思いを致して向き合いたいですよね。

小学生になる前に…

子どもの防犯チェックリスト

子どもが小学生になると、登下校時などに子どもが一人になる時間ができてしまうため、犯罪の被害に遭うリスクが急激に増えてしまいます。子どもを犯罪から守るために、家庭で「自分の身は自分で守る」ための教育をすることも必要です。小学生に上がるタイミングなどに、子どもに教えておきたいことをまとめました。家庭での防犯教育の参考にしてみてください。

子どもが被害に遭いやすい犯罪

誘拐	車での連れ去りや、言葉巧みに連れ出すなど、巧妙な手口によるものもあります。顔見知りによる犯行もあるので注意が必要です。
わいせつ	わいせつな声掛けや公然わいせつなどのほか、不同意性交などの深刻な被害もあります。女児に限らず男児も被害に遭います。ショッピングモールの公衆トイレなどで狙われることもあります。
暴行・恐喝	暴力を振るわれる、お金を脅し取られるなどの被害があります。

参考：警察庁「みんなで気をつけようね」https://www.npa.go.jp/safetylife/seiankis8/text.pdf
P98～99イラスト：motommy（イラストAC）

被害に遭いやすい場所と対策

自宅の玄関

・自宅のカギを開けた瞬間、後ろから押され室内に押し込まれてしまう
・集金や配達の人などを装ってドアを開けさせ、中に入る

対策

- ✔ 周囲を見回して、安全確認をしてからカギを開けることを習慣化する
- ✔ 家に入ったらすぐにカギをかけることを習慣化する
- ✔ 自宅周辺を整理して、死角をつくらないようにする
- ✔ 留守番をしているときはチャイムが鳴っても出ないようにする
- ✔ 絶対ドアを開けない。常にチェーンをかけておく
- ✔ 事前に電話で子どもだけであることを確認する悪質な手口もあるので、大人が不在であることは、絶対に言わない

路上

・車から声をかけて、近づいた瞬間にドアを開けて車内に引っ張り込む
・路地などに連れ込み暴行・恐喝をする

対策

- ✔ 日頃から知らない人にはついていかない
- ✔ 知っている人でも「家の人に聞いてから」と言って断る
- ✔ 名前のついたカバンや学用品などは、外から見えないようにする
- ✔ 車から声をかけられたら、両手を広げた幅以上の距離まで、車から離れる
- ✔ ふだんから親子で危険箇所のチェックをする
- ✔ 連れていかれそうになったら、大声で助けを呼ぶ
- ✔ 逃げるときはランドセルなどの重い荷物を置いて逃げても構わない

集合住宅のエレベーター

・エレベーターに乗っているときに体を触られる
・エレベーターを降りたとたんに腕をつかまれて連れ去られる

対策

- エレベーターに知らない人と二人で乗らない
- 一人で乗っているときに知らない人が乗ってきたら、すぐ近くの階で降りる
- 各階のボタンを押せる位置に立ち、壁を背にして乗る

公園

・トイレや樹木の陰などに連れ込まれる

対策

- 公園で一人で遊ばない
- 友達と離れて遊ばない
- トイレに行くときは、友達について来てもらう

駐輪場・駐車場

・自転車を置こうとしたとき、いきなり後ろから抱きつかれる
・駐車している車の近くを歩いていたら、急にドアが開いて中に引っ張り込まれる

対策

- 自転車を置く前に周囲を見回す
- 駐輪場や駐車場では遊ばない
- 集合住宅の場合は、駐輪場・駐車場を明るくする、死角をつくらないなどの安全な環境づくりを管理者に求める

「おうちルール」を決めよう

ふだんから、親子で防犯について話しておきましょう。万が一子どもが危険な目に遭ったとき、「親に怒られるのでは」という思いから被害を隠してしまうことがあります。身の回りにどんな危険がひそんでいるか親子で話し合うとともに、親が子どもを大切に思う気持ちを伝え、どんなことでも話してほしいと伝えておきましょう。

- ✔ 一人で外で遊ばない
- ✔ 外出時には「誰と」「どこで」「何時に帰るか」を言う
- ✔「こわい」「おかしい」と感じることがあったら大声で助けを呼ぶ
- ✔「こわい」「おかしい」と感じることがあったら必ず親に言う
- ✔ 防犯ブザーを常に身に着ける

警察庁の防犯テキスト「みんなで気をつけようね」

警察庁では、子どもたちをはじめ、保護者、学校関係者、地域住民などを対象とした防犯テキスト「みんなで気をつけようね」を作成しています。警察庁ホームページから閲覧・ダウンロードできるので、家庭での防犯教育に活用してみてください。

PART 4

小中学校での
トラブル

小学校に上がると、子どもには子どもの世界がつくられていきます。その成長がよろこばしくもありますが、親が感知できないことが増えるため、不安が消えることはありませんよね。インターネットやSNSにまつわる心配事も増えてくるでしょう。また、学校という閉ざされた空間で理不尽な目に遭ったり、思いがけない学校の対応に親子ともども憤ったりすることもあるかもしれません。そんなとき、法の存在、法に基づく考え方がトラブル解決の力になってくれることがあります。

Q41

（学校内での出来事）

参考となる法令など

●民法709条
●民法712条
●民法714条

学校の高そうな備品を壊してしまった！弁償しなくちゃだめ？

A

学校での出来事であっても弁償する法的責任が生じます。

解説 学校では、楽器や理科の実験道具などちょっと高価に見える備品が身近にありますよね。保護者の目が届かない学校での出来事なのだから、子どもたちが備品を壊すことのないように学校側がしっかり監督するべきで、壊してしまった備品の金額を弁償するように言われることはない……と思うかもしれません。

でも、壊れた備品の金額を支払わなければならないケースもあります。

子どもが他人の物を壊して損害を生じさせた場合、民法に基づき、小学生であれば通常は保護者に、それを賠償する法的責任が生じます。ですから、子ど**もがわざとまたは不注意により学校の備品を壊し、それによって学校に損害が生じた場合も、通常は保護者に、法的にその損害を賠償する責任が生じるのです。**

もっとも、学校生活で、子どもたちの一番近くにいるのは先生方であることは事実。学校側が、子どもたちのちょっとした不注意で備品等が壊れてしまうのを防ぐよう努める、というのが実際のところだと思います。

そう考えると、学校側が、子どもたちによるすべての備品損壊で生じた損害を、保護者に全額請求してくるとは現実的には考えにくいと思います。

ただし、たとえば、**故意に壊した場合や、何度も注意喚起していたにもかかわらず壊してしまったなど不注意の度合いが大きい場合などに、損害の全部または一部の支払いを保護者に求める**ことがあり得ると思います。

そのような場合に備え、子どもが不注意で他人の物を壊してしまった場合に適用される保険に加入しておくことも検討しておくと安心です。

もし、普段から不注意で物を壊してしまう傾向があり、なかなか改善が見られず不安を感じる場合は、子どもにそのような傾向が見られることを伝えたり、近くに高価な備品をなるべく置かないといった対応をお願いできないか、あらかじめ学校側に相談してみたりするのもよいかもしれません。

Q42

（学校内での出来事）

体育の授業中にお友達にけがを負わせた。医療費を支払う義務はある？

参考となる法令など

●民法709条　●民法712条　●民法714条

A

事実関係によっては治療費を請求される可能性も。正確な事実確認が重要です。

解説 **学校での出来事であっても、子どもがお友達にけがを負わせてしまい、お友達の保護者から治療費等の請求をされた場合、民法に基づき、保護者にはその治療費を支払う責任**が生じる可能性があります。

ただ、前提として、**お友達がけがを負ってしまった経緯は慎重に確認したいところです。けがが重篤で、治療費等も高額になる場合もあるためです。**

わが子がお友達にけがを負わせてしまったという事態に直面し、不安や焦りのあまり、事実確認が不十分になってしまうことがあります。

でも、よくよく話を聞いてみたら、実は競技中に何人かがもつれ合う格好となり、その過程で一人の子がけがを負ってしまったとか、お友達の方が先に手を出してきて、それを振り払ったら、お友達が倒れてけがをしてしまったとか、いろいろな経緯が考えられます。

わが子に責任があるのか、他の子どもにも責任が認められるのではないか、けがをした本人にも落ち度があるのではないかという点は、**支払うべき治療費の金額にダイレクトに影響します。**

ですから、子どもとお友達の言い分に異なる点があれば、学校側に、教員や周囲にいた子どもたちにも話を聴いてもらうなどして**十分な事実確認をするよう求める**必要があります。

また、体育の授業中の出来事となると、そもそも、**授業を担当していた教員が、子どもたちが安全に授業を受けることができるように指導し、見守る責任を十分果たしていたのか**、という観点も重要になります。事情によっては、お友達の保護者は、学校（公立であれば国家賠償請求という形で自治体）側の責任を問う方法を選択する可能性もあります。

まずは、何があったのか、子どもの責任はどの程度あるのかということを見定めた上で話し合いをする必要があります。双方の言い分が対立するなど、交渉がスムーズに進まないことも考えられるため、弁護士に相談したり、代理人として交渉を依頼したりすることも選択肢になるでしょう。

Q43

（学校内での出来事）

椅子引きのいたずらをされておしりを強打した。治療費や慰謝料を請求したい。

参考となる法令など

●民法709条 ●民法712条 ●民法714条

A

治療費や慰謝料を請求できます。確実に支払わせるためには証拠を集めて事実関係を明確にして。

解説 椅子引き行為による子どものけがの**治療費などについて、椅子を引いた子の保護者に請求することができます。**

また、学校での出来事なら、Q42と同様に、状況により**学校側の責任を追及する**ことも検討できるでしょう。

ここで注意したいのは、請求する前提として、事実関係をしっかり確認しておくことです。

椅子引き行為は、相手がそれに気付かず座ろうとした場合、床におしりなどを強打し、それによって甚大な傷害結果を負う可能性があります。後遺症が残ってしまうおそれもあるでしょう。

治療費、入院費に加え、重い後遺症が残る場合は、それによって将来にわたって生じる損害が発生し得ることになり、損害賠償の額がかなり高額になることも見込まれます。そうなると、**請求された相手も、その責任を認めることに慎重になる**ことが考えられます。

わが子がけがを負ってしまった場合は、その後の治療費等の支払いをしっかり確保するためにも、どのような状況でけがを負わされてしまったのか、本人や、周りで状況を見ていたお友達等の話を十分に聴き取り、**加害児童がしたことを明確にするとともに、なるべく早く病院を受診し、その状態を証拠化しておく**必要があります。場合によっては、弁護士への相談も検討するとよいかもしれません。

椅子引きは、本当に危険な行為です。

もちろん、他にもいろいろ危険な行為はありますが、特に椅子引きは、後遺症が残る重傷を負わせる可能性のある危険行為として、家庭でも学校でも厳しく指導する必要があると思っています。

私が中学生のころ、椅子を引くいたずらをした生徒がおり、それを見た教師が、見たこともないような厳しさで注意していたことを今でも記憶しています。保護者の立場として、この行為がとても身近にある危険なものだという認識をもって、わが子が被害者にも加害者にもならないようふだんから注意していきたいですね。

Q44

（お金のこと）

友人に1万円貸したきり返ってこないらしい。貸し借りの証拠はないが、返金を求められる？

参考となる法令など

●民法5条 ●民法587条

A

返金を求めることはできます。ただし、貸し借りが事実かどうか子どもにしっかり聴き取りを。

一般論として、お金の貸し借りをする契約は、金銭消費貸借契約といいます。「1万円貸して」「いいよ」と約束し、1万円を渡すことで成立します（民法587条）。**契約書がなくても、期限になったら返金を求めることができます**。

でも、相手が未成年者の場合、相手の子どもが親権者の同意を得ずにお金を借りた場合は、民法に基づき、この原則どおりにいかない場合があります。少し複雑なので詳細は省きますが、**お友達が「親の同意を得ていなかった」とか「借りたお金は遣ったから返せない」と主張してきた場合、法的に、返してもらうことが難しくなる場合がある**のです。

いずれにしても、子ども同士の話し合いに委ねるのでなく、お友達の保護者に返金を求めるのがよいと思います。

もし返金に応じてもらえない場合は、相手に言い分がある可能性があります。たとえば「お子さんにたびたび物を買わされたりしており、その総額が1万円以上にのぼったから、返してもらっただけだ」などです。

子どもが親には伝えづらい形で自分のお金を遣ってしまい「友達に貸した」とうその説明をした可能性も否定できません。実はいじめに遭っていて、お金を脅し取られたというのが実態なのかもしれません。

子どもの話をじっくり聴いた上で、保護者同士の話し合いが前に進まないようであれば、学校、弁護士、警察等に相談するのもよいと思います。

お金の貸し借りは、少額でも、積もり積もって大きなトラブルに発展しかねず、その後の友達関係に影響したり、保護者を巻き込んでのトラブルにもなりかねません。また、お金の貸し借りを軽く考えてしまう傾向があると、**大人になってから借金問題や金銭トラブルを招くことにもつながる**可能性があります。

「友達とお金の貸し借りはしない」ということ、お金の貸し借りにどんなリスクが考えられるのかということを、ふだんから家庭でしっかり話し合っておくことをおすすめします。

Q45

お金のこと

知らない子どもに金を巻き上げられたようだ。少額ではあるが、警察に届け出たほうが良い？

参考となる法令など

●刑法249条（恐喝罪）

A

それが事実ならすぐに警察へ。ただ、相手が本当に知らない子か注意が必要かもしれません。

解説 「お金を巻き上げられた」というと、どこか、子どもによる行き過ぎたやんちゃ行為のように聞こえるかもしれませんが、**人からお金を脅し取ったら、それは、恐喝罪という犯罪**です。すぐに警察に相談するのがよいでしょう。

わずかな金額のことで警察に相談するのは少しおおげさに感じ、相談をためらうかもしれません。

でも、お金を脅し取った者たちは、少額ならどうせ警察に被害届が出されることはないだろうと高をくくって常習的に巻き上げ行為に及んでいるかもしれません。また、騒がれなかったことから行動をエスカレートさせ、今度は暴力を振るうなどして自宅にある親のお金をもってくるよう要求してくるかもしれません。

毅然とした対応が大事です。**警察に被害を届け、相談するのがよい**と思います。

また、相手がどこの誰かわからない場合、身の安全のため、しばらくは保護者が送迎をしたり、お友達と集団登校をしたりするなど慎重に過ごすのがよいかもしれません。

なお、子どもが、**相手を「知らない子」と言っている点については少し注意が必要**です。

もしかしたら、お金を脅し取った身近な相手をかばうために、「知らない子」と言っているのかもしれません。背景に深刻ないじめ被害がある可能性も否定できません。あるいは、本当は自分でお金を遣ってしまったものの、親に言えないような遣いみちであるために、その発覚を防ごうと被害者を装ってしまっているのかもしれません。

もちろん、そのように決めてかかって子どもを疑うような質問を投げかけることは望ましくありません。

でも、「金を巻き上げられた」と聞くと、つい気持ちが焦ってしまい、子どもの話をうのみにしたり、冷静に受けとめられなかったりするかもしれません。

ですから、子どもが真実を語れない事情を抱えている可能性を頭の片隅に置いた上で、話をじっくりと聴くことがとても大切だと思います。

Q46

（お金のこと）

友達から高価なプレゼントをもらってきた。相手の親は知らないようだがトラブルにならない？

A

トラブルに発展する可能性も。相手の保護者に連絡しましょう。

家庭によりいろいろな考えがあり得るところですが、私は少なくとも小学生のころまでは、物をもらうのもあげるのも慎重にしたほうがよいと考えています。私が大事にしているのは、**相手の保護者が認識しているかどうか**という点です。

たとえば旅行のお土産なら、保護者了承のもとだと思うので、ありがたくいただき、こちらも旅行の際にお土産を買ってお礼をしていました。一方、学校でシールや消しゴムなどをもらってくることについては、**保護者が認識していない可能性が高いので、基本的にはもらうべきではない**と子どもに伝えていました。

子どもたちが親愛の気持ちで文房具などを友達にあげたくなること自体は、ほほえましく思います。でも、子どもの気持ちは移ろいやすくもあります。親に問い詰められたとき、相手のお子さんが「本当はあげたくなかった」「脅し取られた」などと説明することで、トラブルになりかねません。失った価値に相当する金額の支払いを求められる可能性もあります。

もし、わが子が友達から高価な品をもらってきたら、相手の保護者が高価なプレゼントのことを認識していたとしても、認識していなかったとしても、すぐ連絡して返却するのがよいと思います。お返しにも困りますし、子どもとお友達との関係性に影響が出てしまうことを不安に思うからです。子どもから返却させると、万一なくしたり壊したりしては大変ですし、今後同じような事態を防ぐためにも、親から相手の親に返却し、相手の保護者にも状況を把握してもらったほうがよいと思います。

そもそも、親が大事なお金で買ってくれた物を勝手に友達にあげてしまうことは、すべきではないと思いますし、物のやりとりによって友達関係がゆがめられてしまうことは避けたいですよね。友達を大事にする気持ちは、日常の言葉や行動で相手に伝えることを大切にしてほしいと思いますし、私自身もその姿勢を子どもに見せられるようにしたいと思っています。

Q47

お金のこと

親に無断でゲームに課金して高額請求がきた。支払いを拒否できる？

A

原則としては契約を取り消すことができるものの、原則どおりにいかない可能性も。

参考となる法令など

●民法5条

解説 **未成年者は、法定代理人である親権者の同意を得ずに勝手に契約をした場合、民法に基づき、その契約を取り消すことができます。**これを**未成年者取消権**といいます。

子どもが親に無断でゲームに課金しても、未成年者取消権を行使すれば支払義務がないと考えるかもしれません。

たしかに、それが原則です。

でも、**オンラインゲームの課金では、そのとおりにならないケースもあります。**

第一に、誰のスマホで課金したかという点に注目する必要があります。保護者のスマホでゲームをしていた場合、保護者のアカウントから課金されているはず。そうすると、事業者に連絡し「未成年者である子どもが勝手に課金したので取り消してください」と伝えても、それが通用するとは限りません。**保護者のアカウントである以上、実際に課金したのが子どもだとわかってもらうのはとても難しい**と思います。

第二に、子どもが自分のスマホを使い自分のアカウントで課金したとしても、課金の際に**「自分は成年である」とか「未成年だが親の同意がある」と告げるなど、だましの要素があった場合には取り消しができないことがあります。**「未成年者は親の同意なく勝手に契約できない」という説明画面があった上で、本人が成年を装うためにうその生年月日を入力したような場合です。

基本的には、事業者に連絡して、未成年者である子どもが親の同意を得ずに勝手に課金したと説明し、支払いはできないことを伝えるのがよいと思います。

しかしうまくいかないケースもあるので、ふだんから、親のスマホで勝手にゲームをしない環境にすることや、課金のリスクについて話し合っておくことなど、未然防止のための対策が大切です。困ったことがあったら、消費生活センター※に相談してみることをおすすめします。消費者庁の「オンラインゲームに関する消費生活相談対応マニュアル」も参考になるでしょう。

※「消費者ホットライン」188

Q48

地域のこと

公園の遊具でけがをした。公園の管理者に責任を取らせたい。

A

治療費を請求できる可能性があります。ただし、けがをした経緯など事実関係をしっかり確認しましょう。

参考となる法令など

●国家賠償法 ●民法717条

解説 公園での遊具遊びは子どもにとって楽しく、心身の成長につながる時間にもなる一方で、けがとも隣り合わせ。遊具でけがをしてしまったとき、どこに連絡してどんな責任を問えばいいのか不安になりますよね。

まず、その公園の管理者がどこなのか、インターネットで検索したり、各自治体に問い合わせたりして調べてみましょう。都道府県や市区町村などの自治体が管理者であることが多いですが、マンション管理組合等が管理者であることもあります。

各自治体は、公の営造物である公園の設置または管理に瑕疵（かし）（その物が通常もつべきとされている性質を欠くこと）があったことで他人に損害が生じたときは、その損害を賠償する責任を負います。

自治体以外の管理者も、土地の工作物の設置または保存に瑕疵があったことで他人に損害が生じたときは、その損害を賠償する責任を負います。

遊具自体の性能に問題がある場合は、製造会社も責任を負う可能性があります。

ですから、公園の遊具に原因があって子どもがけがを負った場合は、公園の管理者に対し、遊具を設置、管理するにあたって問題があったとして、**治療費、慰謝料等について請求できる**といえます。

ただ、どんな場合でもその請求が認められるかというと、そうとは限りません。

たとえば、遊具自体には危険性がないのに、子どもが、想定とはかけ離れた予想できないような異常な方法で遊んだためにけがをしてしまったら、管理者には責任が認められない場合もあります。

また、遊具で遊んでいるときに、友達から突き飛ばされたなどの事情があったのなら、けがの原因をつくった友達の保護者に治療費を請求すべき場合もあるでしょう。

つまり、**請求の前提として、具体的にどんな状況でけがを負ったのかということを明らかにする**必要があります。子どもにじっくり話を聴き、何があったのかを十分に把握することが大事になると思います。

Q49

学校内での出来事

参考となる法令など

●民法709条 ●民法712条 ●民法714条

煽られて、いたずらをしてけがを負った。きっかけをつくった子の責任を問える？

A 事実関係によっては責任を問えることも。背景に別の問題がないか確認を。

解説 **お友達の煽り行為と結果の発生との間に因果関係を認めることができるか**が問題になります。

お友達が「やっちゃえやっちゃえ」などとふざけて言った程度なら、その後、そのいたずら行為をするかどうかはあくまでも本人の選択です。ですから、**本人の選択の結果生じたけがに関して、お友達に責任を負わせることは難しい**と思います。

ただ、どのような煽り行為をしてきたのかという具体的事実関係によっては、お友達の煽り行為があったからこそ子どもはその行為に及び、けがをしたのだと評価できるかもしれません。

この点、前提として、**お友達との人間関係を十分に調べる必要**はあります。

つまり、お友達が日常的にお子さんを支配下におき、指示に抵抗することが許されないような関係性になっていたとしたら、煽り行為との因果関係が認められることがあるかもしれません。その場合は、相手（の保護者）に対し、治療費等の支払いを求めるべきケースがあり得ます。

学校側から「お子さんが友達の冗談を受けていたずらをしてけがをした」などと説明を受けたとしたら、本当はどのような事実関係がひそんでいるのか、お子さんとじっくり話をしてみる必要があるかもしれません。

Q 50

地域のこと

裸足に薄着で歩いている幼児がいる。自宅に保護してあげたほうがいい？

A 自宅に保護するのはNG。虐待が疑われる場合は、通告する義務があります。

参考となる法令など
●児童虐待の防止等に関する法律

解説 幼児が一人で歩いているだけでもハッとしますが、こういったケースは素通りできませんよね。

このようなことがしばしばあるのなら、保護者に何らかの事情があって日常的に子どもに目が届かなくなっていることも考えられます。明らかな暴力の痕跡がなくても、ネグレクトなどの虐待も疑われます。

周囲に保護者らしき姿が見えない場合は、すぐに警察に通報を。

自宅で保護してあげたいと思うかもしれませんが、それはすべきではありません。それ自体が法的に問題となったり、トラブルの元になったりするおそれがあります。

虐待の疑いがあるときは、児童相談所への通告も選択肢のひとつです。「勘違いだったらどうしよう」と不安になるかもしれません。でも、法律には「**児童虐待を受けたと思われる児童を発見した者**」は**児童相談所等に通告しなければならない**と定められています。つまり、**虐待の事実が必ずしも明らかでなくても、通告義務があるのです。**※

通告や相談は匿名ででき、通告・相談をした人や、その内容に関する秘密は守られることになっています。子どもたちの安全を地域のみんなで守るという意識がとても大切だと思います。

※「児童相談所虐待対応ダイヤル」189（いちはやく）

Q 51

（SNSトラブル）

参考となる法令など

●刑法222条（脅迫罪）●刑法231条（侮辱罪）●民法709条

SNSで誹謗中傷に遭っている。警察に相談するべき？

A

警察や弁護士などに相談を。画面のスクリーンショットなど証拠を残しておいて。

解説 事情によって相談すべき窓口は変わってきます。

もし、SNS上で**身の危険を感じるような脅迫を受けているのであれば、速やかに警察署に相談**しましょう。

SNS上で**侮辱されたり、社会的評価を低下させられるようなことを言われているのであれば、警察署に相談して刑事処罰を求めることも考えられます**が、**弁護士に依頼し、相手を特定の上で慰謝料等を請求する**ことも考えられます。

この点、何をもって侮辱等と評価されるかは難しい判断になるので、実際の投稿を見せながら相談するのがよいでしょう。

相談の前提として、相手を特定するために必要な情報が消えてしまうリスクがありますので、被害に気付いたら、早めに相談する必要があります。

また、**適切な証拠確保も重要です**。

投稿のURLやスクリーンショットの確保などが考えられますが、個別事案によって必要な証拠は違う場合もあるので、早めに、どのような証拠を確保すべきかを含めて相談するのが確実だと思います。

警察署や弁護士以外の相談窓口として、総務省の「違法・有害情報相談センター」や法務省の「みんなの人権110番」もあり、投稿を削除するための方法をアドバイスしてくれます。また、**法務局においては、削除の要請自体をしてくれる**場合があります。

そのような対処と併せて、どんな経緯で誹謗中傷被害に遭ったのか、改めて見直してみることも重要です。何の落ち度もなく理不尽な被害に遭ったのかもしれませんし、SNS上での子ども本人の発言がきっかけになっているのかもしれません。

もちろん、どんな事情があっても誹謗中傷を正当化することにはなりませんが、未然にトラブルを予防できるに越したことはないはずです。SNS上での発信の在り方について、家庭で話し合い、今後の被害予防につなげるということも大事になってくると思います。

Q52

SNSトラブル

見知らぬ大人とSNSで交流しているようだ。連絡を断たせるためにできることはある？

A

SNSでの交流のリスクを説明しながら、子どもが納得する方法を探って。

解説 保護者としては心配が先に立ち、今すぐ関係を断ち切るように迫ったり、スマホを取り上げたりしたくなるかもしれません。そのような緊急の対応が必要な場面もありますが、**親への反発心から、親にばれないようにしたり、心を閉ざしてしまったりする**可能性もあります。

子どもに、そのやりとりにどんな魅力があるのか聴いてみるとよいかもしれません。

友人関係に悩んでいて、知らない人とのやりとりが気楽なのかもしれないし、単に暇つぶしかもしれない。身近な人には話せない悩みを相談して救われているのかもしれません。子どもの思いを否定せずにじっくり聴きたいところです。

その上で、**過去にSNSをめぐって未成年の誘拐、児童ポルノ被害、ストーカー被害などの事例があったことを説明しながら、親としての不安を伝えてみましょう。**

たとえば、相手は「20代女性」と名乗っているが、その素性を信じることができるのか？ 素性を隠して子どもの悩みにつけこみ、交流を重ね、信頼を得て、その信頼に乗じて犯罪行為に及ぶ者も存在します。そういった〝どのような意図があるのかまったくわからない相手〟と親密なやりとりをしているという事実を伝えるのです。総務省が、子どもにもわかりやすい事例集を公開しているので、一緒に見てみるのもいいかもしれません。[※1]

その上で、今後について話し合うのがよいでしょう。

関係を断つ以外にも、親にやりとりの内容を見せたり、万一会おうなどと誘われたらただちに連絡を断ったりするなど、ルールを決めてしばらく継続することも含め、いろいろな選択肢の中から、一緒に考える必要があると思います。

また、「身近な人たちには相談できないときのための信頼できる相談先」を一緒に調べて確保しておくことも大事なことだと思います。厚生労働省のホームページでは、電話やSNSで相談できるホットラインなども紹介されています。[※2]

※1「総務省　インターネットトラブル事例集」で検索
※2「厚生労働省　まもろうよ こころ」で検索

Q53

SNSトラブル

出会い系サイトを友達と遊び半分で閲覧している。何と言ってやめさせよう？

参考となる法令など

●インターネット異性紹介事業を利用して児童を誘引する行為の規制等に関する法律

A 子ども自身による書き込みも処罰される可能性があります。閲覧・投稿のリスクをしっかり伝えて。

解説　「インターネット異性紹介事業を利用して児童を誘引する行為の規制等に関する法律」（いわゆる出会い系サイト規制法）は、出会い系サイトに子どもに対して異性交際を求める書き込みをすることなどを禁止しています。内容によっては、**子ども自身が書き込みをすることも処罰対象となり得ます。**過去には、中高生が書類送検されたという報道もありました。また、**保護者には、「児童」**（18歳未満の子）**による出会い系サイトの利用を防止するために必要な措置を講ずるよう努めなければならない責任があると**明記されています。

大前提として、このようなサイトが子どもの目に触れ、有害な情報を閲覧できないようにフィルタリング機能を利用するなど、対策をとりましょう。

その上で、子どもには、出会い系サイトの利用を規制する法律があることや、投稿が犯罪にもなり得ることを伝える必要があります。

「犯罪になるからだめ」ではなく、なぜこのような法律があるのか、親子で考えることが大切です。**出会い系サイトがきっかけで深刻な性被害に遭う事例が後を絶たない**ことを、具体的な報道などを踏まえて一緒に確認することで、子ども自身の身近に迫る危険を自分ごととして捉えられるようになると思います。

Q54

SNSトラブル

SNSに顔写真や個人情報をUPしていた。ネット上から削除することはできる？

参考となる法令など

●プライバシー権の侵害 ●肖像権の侵害

A **個人情報は削除を求められます。SNS利用のルールを考えて投稿前に確認するようにしましょう。**

解説 自分のSNSアカウントなら自分で投稿を削除できますが、やっかいなのは、投稿のスクリーンショットを第三者がさらに投稿するなどして拡散されてしまった場合です。こうなると、自分の操作だけでは簡単に削除できず、半永久的に画像がインターネット上に残ってしまうことになりかねません。

ただ、**元の投稿に自分の顔写真や名前等の個人情報が含まれる場合、その拡散は、プライバシー権・肖像権の侵害**と評価され得るため、SNSの利用規約でも禁止行為として定められていることが多いでしょう。その場合は、オンライン上の**削除依頼フォームを利用して削除要請**ができます。

それでも削除されない場合には、送信防止措置依頼の手続き、法的措置を順次検討することになります。具体的な手続きに関しては、Q51で挙げた相談窓口などを利用するとよいでしょう。

そして、この機会に、顔写真や個人情報をSNSに投稿することの意味について家庭でよく話し合うといいと思います。

「あとで削除すればいい」と軽く考えてしまうのではなく、それが第三者によって思いがけず拡散されてしまう事態を想像し、投稿内容が、自分や他人のプライバシーに関わる内容になっていないか、投稿前に改めて見直す姿勢が大切です。

Q55

学校・教師

子どもが小学校に行かない。義務教育の間は、学校に行かないことは違法になってしまうのか？

A

教育を受けるのは子どもの権利です。学校に行かないことは違法でも義務違反でもありません。

参考となる法令など

●憲法26条2項 ●学校教育法 ●義務教育の段階における普通教育に相当する教育の機会の確保等に関する法律

解説 誤解されがちですが、義務教育とは、「子どもが、学校に行かなければならない義務を負う」という意味ではありません。

日本国憲法では「すべて国民は、法律の定めるところにより、その保護する子女に普通教育を受けさせる義務を負ふ」と定められています。また、学校教育法では、「保護者は（中略）子に九年の普通教育を受けさせる義務を負う」と定められています。

つまり、**義務教育とは、「保護者が、子に教育を受けさせる義務を負う」という意味**なのです。

これは、憲法にも示されている**子どもが教育を受ける権利**を保障するためです。

保護者が正当な理由なく子どもを学校に長期間出席させない場合は、子どもが教育を受ける権利を守るため、学校教育法施行令に基づき、教育委員会から保護者に対して、子どもを学校に通わせるよう督促することになっています。

では、子どもの不登校の状態を認めることは、親として、子どもに教育を受けさせる義務を果たしていないことになるのでしょうか？

そんなことはありません。

「義務教育の段階における普通教育に相当する教育の機会の確保等に関する法律」という法律があります。

この法律には、基本理念として、「不登校児童生徒が行う多様な学習活動の実情を踏まえ、**個々の不登校児童生徒の状況に応じた必要な支援が行われるようにすること**」「**不登校児童生徒が安心して教育を十分に受けられるよう、学校における環境の整備が図られるようにすること**」が明記されています。

法も、いろいろな事情を背景に学校に行けない子どもたちの存在を前提としているのです。

文部科学省の発表によると、小中学校における不登校の子どもの数は19万人以上で、8年連続で増加しており過去最多となっています。調査結果を踏まえ、文部科学省は、不登校の子どもに対する学校以外の場における支援体制の整備を推進する取組みなどを明示しています。

Q56

学校・教師

子どもが不登校になった。出席日数が足りないと卒業できない？

A

学校以外の施設での学習も登校日数に含まれる場合があります。子どもの心身を休ませることも考えてみて。

参考となる法令など

●義務教育の段階における普通教育に相当する教育の機会の確保等に関する法律

解説 学校の登校日数が少ないからといって、卒業ができないわけではありません。文部科学省のホームページにも、「通常、毎年一学年ずつ自動的に進級することを基本とする。原級留置が行なわれることはまれである」と記載されています。

また、文部科学省の通知で、**不登校の子どもが学校外の施設で相談や指導を受けるときは、一定の条件のもとで、学校長が指導要録上の出席扱いとできる**ものと定めています。**教育委員会が設置する教育支援センター等の公的施設のほか、事情により民間の相談・指導施設も考慮されてよい**とされています。詳しくはお住いの地域の教育委員会に問い合わせてみてください。

なお、自治体のホームページで、**長期欠食となる場合の給食停止、給食費減額**等の手続きの案内をしていることがあります。給食費に関しても自治体に問い合わせてみてください。

ある日突然、子どもが「学校に行きたくない」と言い出したら、いろいろなことが頭をかけめぐると思います。そんなときは、まずは子どもの中にエネルギーが湧いてくるのをじっと待つことがとても大切だと思っています。不登校の原因を分析したり、どうしたらその原因を排除できるか考えたりすることはいったん脇に置いて、子どもの心身を休ませることが必要なのかもしれません。実は、「義務教育の段階における普通教育に相当する教育の機会の確保等に関する法律」にも、国や自治体が不登校の子どもや保護者に情報提供、助言その他支援を行うにあたっては「多様で適切な学習活動の重要性に鑑み、個々の不登校児童生徒の休養の必要性を踏まえ」て行うべきことが定められているのです。

とはいえ、親が子どもの不登校を受け止め、認めることは、本当に難しいことだと思います。難しい状況に直面し、子どもの就学のことで悩んだときは、**家庭だけで抱え込まず、教育支援センター、教育相談センター、こども家庭センターなど自治体の相談機関に相談する**ことで、少しでも光が見えることがあると思います。

Q57

学校・教師

給食の完食指導のせいで子どもがPTSDを発症。教師の責任を問える？

参考となる法令など

●学習指導要領

A

責任追及のハードルは高そう。予防のための話し合いを大切に。

解説 **「完食指導」とは、給食をすべて食べ終わるまで居残りさせるなど、強制的に完食させようと指導することを**いいます。

完食指導について考える上では、給食が学校教育活動の中でどう捉えられているかということを知っておく必要があると思います。

文部科学省が定める学習指導要領によれば、給食は「特別活動」に分類されています。

特別活動とは、集団や自己の生活上の課題を解決することを通して、資質・能力を育むことを目指す教育活動のことです。

つまり、特別活動である給食の時間は、ただご飯を食べる時間というわけではなく、健康によい食事のとり方など、望ましい食習慣を作ったり、食事を通して人間関係をよりよくすることを学んだりするという教育目的があるのです。

そう考えると、子どもが好まない食事について、成長のためにどのような役割を果たすものなのかを教え、指導すること自体は、むしろ給食の役割といえます。

ただ、そのために「全部食べないと休み時間にさせない」「食べ終わるまで家に帰れない」などと**罰を与えて完食を強制することは不適切**でしょう。学校教育法11条では「教育上必要があると認めるとき」は懲戒を加えることができるとされていますが、罰を伴う完食指導に教育上の必要性が認められるかは疑問が残ります。

完食指導によりPTSD（心的外傷後ストレス障害）**になった場合、学校側**（公立であれば市区町等）**に慰謝料等を請求することが考えられます。しかし、指導とPTSD発症の因果関係等の立証にはハードルがあります。**ですから、事前の対応こそが重要だと思います。

給食に強い不安がある場合は、あらかじめ、保護者から学校側に伝えるのがよいでしょう。給食に関する学校の教育方針を聴きながら、苦手なものが出た場合の対応について話し合いをする機会をもってみるのがよいと思います。

Q58 学校・教師

校則指導で強制的に丸刈りにされた。これは暴力に等しいのでは？

A 事実関係によっては犯罪になります。校則の教育目的を確認し、著しく不合理なら校則見直しも検討を。

参考となる法令など
●刑法204条（傷害罪）●刑法208条（暴行罪）

解説 「男子の髪型は丸刈り」などの校則を守るよう注意され、**無理やり頭を押さえつけられバリカンなどで丸刈りにされてしまったとしたら、それは暴行罪にあたり得る行為です。頭皮などに傷ができたりすれば、傷害罪になる**可能性もあります。

過去には裁判で丸刈り校則が無効ではないか争われた事例があります。裁判例の中には、**校長には教育実現のため生徒を規律する校則を定める包括的権能があるものの、その権能は無制限ではないとしつつ、その校則に教育目的があると認められるときには校則が著しく不合理でない限りは違法にならない**という趣旨のものがあります。

校則が教育目的で定められているといえれば、校長にかなり広い裁量が認められているといえそうです。

ただ、そのような裁判所の判断の中でも、丸刈りを定める校則については、**教育目的実現との関係で合理性があるか、疑いをさしはさむ余地がある**という示唆がなされているものもあります。

仮に、違反した際にペナルティが科される場合などは、校長に委ねられた権能を逸脱するものとして無効であると評価される可能性もありそうです。

そのような校則の抱える問題性を指摘し、学校側に話し合いをもちかけることも選択肢として考えられると思います。

Q59 学校・教師

冬の上着を禁止されている。これは虐待なのでは？

A 著しく不合理な校則ならルール変更を求めるのも選択肢。

参考となる法令など

●児童の権利に関する条約 ●こども基本法

解説 これが児童虐待として法的に問題となるかは難しいところですが、**校則が児童の権利に関する条約やこども基本法の理念にかなっているか**、また、**校則の教育目的がどこにあり、教育目的との関係で著しく不合理といえないか**を考えてみましょう。

上着禁止の校則の教育目的は「学校生活に集中できる華美でない服装にするため」「登下校時動きやすい服装にすることで生徒たちの安全を守るため」などが考えられます。生徒の心身の健やかな成長、登下校時の安全を図ることが目的ならば、それ自体は問題がないともいえそうです。

では、その目的を果たすための方法として、その校則は合理的でしょうか？

コート着用が華美な服装に直結するともいえませんし、一律、安全に支障をきたすともいえず、教育目的との関係で著しく不合理であると評価される可能性もあるように思います。

これをきっかけに、校則について考えてみるのもよいと思います。**ルールは必ずしも不変ではなく、おかしいと思う点を変更するための場を作ることができます。**この場合、単に校則の変更を訴えるのでなく、学校側の考えを知ることも大切なプロセスになります。子どもたちにとっても、ルールについて考える貴重な機会になるはずです。

Q 60

学校・教師

参考となる法令など

●児童の権利に関する条約 ●こども基本法

ブラック校則は子どもの人権を侵害しているのでは？

A

その校則が子どもの最善の利益のためになっているか見直すべきケースがあるかもしれません。

解説 法務省が公表している「主な人権侵害類型と被害者の救済にかかわる制度等」には、学校での体罰やいじめについて「暴行、脅迫、傷害、恐喝等は犯罪」「教員による体罰は禁止されている（学校教育法11）」と明記はされているものの、いわゆるブラック校則が法的に人権侵害にあたるかどうかの判断を一律にするのは、難しいところです。

ただ、理不尽な校則により、実際に子どもたちが心身の苦痛を感じているのであれば、親として見過ごせないのはもっともですし、校則の見直しについて考えることも選択肢になるでしょう。

校則について考えるときに知っておきたいのが、「**児童の権利に関する条約**」や「**こども基本法**」です。

児童の権利に関する条約では、「児童に関するすべての措置をとるに当たっては、公的若しくは私的な社会福祉施設、裁判所、行政当局又は立法機関のいずれによって行われるものであっても、**児童の最善の利益が主として考慮されるもの**」とされ、また、国は「**学校の規律が児童の人間の尊厳に適合する方法で及びこの条約に**従って運用されることを確保するためのすべての適当な措置をとる」と定められています。

そして、こども基本法では、全ての子どもについて「その年齢及び発達の程度に応じて、**自己に直接関係する全ての事項に関して意見を表明する機会及び多様な社会的活動に参画する機会が確保されること**」「**その意見が尊重され、その最善の利益が優先して考慮されること**」などを基本理念としてこども施策が行われなければならないとされています。

このように考えると、**校則についても、それが学校の都合ではなく、子どもの最善の利益のための内容になっているか、子どもたちが自分たちの守るべきルールに関し、意見を表明する機会が確保されているか**を考えていくことはとても大切なことだと思います。

ルールというものは、「守るか違反するか」の2択ではありません。子どもを苦しめる理不尽な校則を見直すよう、保護者としても見守っていきたいですね。

Q61

学校・教師

部活の顧問に殴られている。指導の一環として黙認している親が大半だがこれでよいのだろうか。

参考となる法令など

●刑法204条（傷害罪）●刑法208条（暴行罪）●学校教育法

A

体罰は法律で明確に禁止されています。決して黙認すべきことではありません。

解説 **人を殴る行為は犯罪です。暴行罪が成立します。その結果けがをすれば、傷害罪が成立します。**傷害罪は、法律で15年以下の懲役または50万円以下の罰金刑が定められている重い犯罪です。

部活で体罰があるなら決して許されることではなく、「指導の一環」が言い訳になることはあり得ません。

学校教育法でも、校長や教員は、教育上必要があると認めるときは、生徒に懲戒を加えることができるとしながら「ただし、**体罰を加えることはできない**」と明記されています。

「部活なのだから多少厳しい指導も仕方ない」「顧問のしたことに抗議したら試合に出られなくなる」「みんな我慢しているんだし」という思いもあるかもしれません。

でも、暴力を受け続けた子どもは、もしかしたら、学校に行くのが嫌になってしまうかもしれませんし、せっかく始めたスポーツを嫌いになってしまうかもしれません。

なにより、大人が強い力で子どもに暴力を振るうことは、力の加減や体勢等によって、思いがけない重いけがにつながり得るとても危険な行為です。体罰を苦に子どもが自ら命を絶つという痛ましい事件もありました。

子どもが部活の顧問に殴られていることを認識したら、すぐに学校に連絡を。

学校側の対応が期待できない場合には、教育委員会、警察に相談するのもよいですし、どう動いたらいいかわからず不安な場合は弁護士への相談も選択肢になると思います。

子どもは、体罰について、なかなかはっきりと説明をしてくれないかもしれません。

しかし暴力は何があっても許されるものではなく、決して受け入れてはいけないということ、親としていつでも味方であり、本人の意向を酌みながら学校側との話し合いを進めたいと思っていることなどを丁寧に伝え、何があったのか、しっかりとお子さんから聴くことが大切だと思います。

Q62

学校・教師

組体操で落下して骨折した。毎年けが人がでるそうだ。どうすれば組体操をやめさせられる？

参考となる法令など

●学校保健安全法

A

組体操の実施についてはスポーツ庁も注意喚起しています。慎重な対応を求めましょう。

解説 学校保健安全法では「学校の設置者は、児童生徒等の安全の確保を図るため、その設置する学校において、**事故、加害行為、災害等により児童生徒等に生ずる危険を防止**し、及び事故等により児童生徒等に危険又は危害が現に生じた場合において適切に対処することができるよう、当該学校の施設及び設備並びに管理運営体制の整備充実その他の必要な措置を講ずるよう努めるものとする」と定められています。

そして、スポーツ庁は各自治体等に対し、組体操について次のように通知しています。

● 各学校で練習中の児童生徒の習熟の状況を正確に把握し、その状況に応じて、**活動内容や指導計画を適時適切に見直す**こと

● 大きな事故につながる可能性がある技については、確実に安全な状態で実施できるかどうかをしっかりと確認し、**できないと判断される場合には実施を見合わせる**こと

● 小学校高学年は体格の格差が大きいことを踏まえ、**危険度の高い技については特に慎重に選択する**こと

● **段数の低いタワーやピラミッド等でも死亡や障害の残る事故が発生している**ことなど、具体的な**事故の事例、事故になりやすい技などの情報を現場で指導する教員に周知徹底する**こと

このような法律や国の方針の内容を踏まえ、学校に対し率直に不安な気持ちを伝えるのがよいと思います。同じような考えの保護者と一緒にお話ししてもいいかもしれません。

過去に組体操中の死亡・傷害事故が起きていることを指摘しつつ、安全確保のための措置として落下に備えてマットを敷いたり、十分な人数の補助員をつけるなどすることが現実的に難しいことから、ほかの競技で同じような教育目的を達成することを検討してほしいなどと伝えるとよいと思います。学校が応じなければ、地方自治体の教育委員会や学校の運営法人等に相談することも選択肢になるでしょう。

Q63

学校・教師

参考となる法令など

●いじめ防止対策推進法 ●いじめの防止等のための基本的な方針

本人が望まないあだ名で教師が児童を呼んでいる。子ども自身も傷ついているようだ。

A

本人が苦痛に感じていたらそのあだ名で呼ぶことはいじめになる可能性があります。

解説 あだ名で呼ぶことは、親しさのあらわれでもある一方で、いじめ予防の観点では注意を要する行為です。

「いじめ防止対策推進法」では、「**『いじめ』とは、児童等に対して**（中略）**他の児童等が行う心理的又は物理的な影響を与える行為**（インターネットを通じて行われるものを含む。）**であって、当該行為の対象となった児童等が心身の苦痛を感じているものをいう**」と定められています。

また、文部科学大臣決定による「いじめの防止等のための基本的な方針」では、個々の行為が「いじめ」に当たるか否かの判断は、いじめられた児童生徒の立場に立つことが必要であるとされています。

これらを踏まえると、**あだ名で呼ばれた子どもが心身の苦痛を感じている場合には、それ自体がいじめにあたり得る行為である**といえます。そのあだ名が不適切かどうか、判断が難しい場合には、そのあだ名を使うことには慎重になるべきでしょう。

教師が子どもをあだ名で呼ぶ場合は、より一層の慎重さが必要です。「先生にいやなあだ名で呼ばれている」という事実がより重く子どもの心にのしかかるでしょうし、教師の言動は他の子どもたちにも大きな影響を及ぼすため、不適切なあだ名がクラス全体に広まる可能性もあるからです。

現に子どもが不適切なあだ名で傷ついているのであれば、保護者から率直に教師に伝えてみるのがよいと思います。

呼ぶ側は、呼ばれる側の気持ちに思いが至っておらず、一方的に「親愛の気持ち」などと軽く考えている場合もあります。そのあだ名により傷ついていることを伝えるだけでもその勘違いを是正できる可能性があります。

そして、教師が他の子どもをも不適切なあだ名で呼んでいたり、子ども同士にもそういう雰囲気が広がっていたりするのであれば、この機会に、あだ名についてクラス全体で学ぶ機会を作ってもらうよう求めてみてもいいかもしれません。

Q64

学校・教師

外国人や障害者に対して教師がヘイト発言や差別的な発言をしており、子どもへの悪影響が心配です。

参考となる法令など

●本邦外出身者に対する不当な差別的言動の解消に向けた取組の推進に関する法律　●障害を理由とする差別の解消の推進に関する法律

A

ヘイト発言や差別発言は法律で禁止されています。学校に対応を求めましょう。

解説 こうした教師の発言に対しお子さんが問題意識をもつことは、とてもすばらしいことだと感じます。ただ、その場でお子さんが指摘できないのであれば、きっと、教師には真摯に受け止めてもらえないと感じているからでしょう。となると、保護者から教師に問題意識を伝えても、何ら対応してもらえない可能性もありそうです。

そのような場合は、校長か教育委員会に相談してみるのがよいのではないかと思います。

法律では、**特定の国の出身者であること等を理由にした不当な差別的言動や、障害を理由とする不当な差別的取扱いを、あってはならないこととして捉え、その解消を目指しています。**

いわゆるヘイト発言に関しては、「本邦外出身者に対する不当な差別的言動の解消に向けた取組の推進に関する法律」という少し長い名前の法律（通称ヘイトスピーチ解消法）があります。

この法律では、国や地方公共団体には、**日本以外の国の出身者に対する不当な差別的言動を解消するための教育活動を実施するとともに、そのために必要な取組みを行う**ことが求められると定められています。

また、「障害を理由とする差別の解消の推進に関する法律」（通称障害者差別解消法）では、行政機関等も民間業者も、その事務または事業を行うにあたり、**障害を理由として障害者でない者と不当な差別的取扱いをすることにより、障害者の権利利益を侵害してはならない旨**が定められています。

このような法律の存在を踏まえ、本来であれば、差別的言動、差別的取扱いを解消するための教育を担うべき立場にある教師が、自ら不適切な発言をしていることは看過できない事態であると指摘するのがよいでしょう。学校が応じなければ、自治体の窓口に相談してみてください。

子どもの心の成長にとって大事な時期に、教師の不適切な発言により、お子さんが傷ついたり、成長がゆがめられたりするようなことがないよう、環境を整えてもらう必要があると考えます。

Q65

（学校・教師）

参考となる法令など

●学校教育法

生理でプールを休んだら、かわりに校庭を走らされた。健康への無配慮をどうにかできないか？

A

子どもの健康に配慮した柔軟な対応を求めましょう。指導者は認識のアップデートを。

解説 生理（月経）中の体調は人により大きな差がありますし、同じ人でも、月によって生理痛の症状が重くなる場合などもあります。そもそも思春期の子どもにとって、教師に「生理中だからプールを休む」と申し出ること自体、言いにくいことでしょう。それに対して、かわりに校庭を走らせるなどの無配慮な対応をされると、子どもの心身への影響も大きいのではないでしょうか。

　そのような場合は、保護者から学校側に連絡し、生理中の子どもの体調について説明し、その状態で走ると体に大きな負担がかかるため、教室内で自習するなど別の形での代替学習をさせてもらえないか、などと相談してみるのがよいと思います。生理に伴う症状で通院しているのであれば、必要に応じ、病院に相談し、医師から診断書等を出してもらい、それをもとに学校側に理解を求めるということも考えられるかもしれません。

　もっとも、**これは個人の特別対応とするべきことではなく、子どもの健康への配慮という点で、学校側の認識をアップデートする必要がある**と感じます。

　思春期は生理周期も定まらず、経血量も不安定になりがちで、生理用品の使用にも慣れていないなど、生理期間の過ごし方にまだまだ不安が大きい時期です。また、貧血や生理痛、月経困難症など、表立っては見えづらいトラブルを抱えている可能性もあります。本来であれば速やかに受診すべき症状を、親にも言えずに我慢している可能性も否定できません。もし、**生理痛などで体調不良の子に長時間校庭を走らせるなどしたら、それは体罰に当たり得る**とも考えられます。体罰は学校教育法で明確に禁止されています。

　学校側が、女性の生理を含む子どもの健康課題についての理解を深めることが求められると考えます。また、生理の問題にかかわらず、**個々の児童によって必ずしも表面的には見えづらい体調の問題を抱えている場合があり得ることを想定し、児童に寄り添った柔軟な対応**がなされるようになるといいですね。

学校・教師

Q 66

親がPTAに加入しなかったら子どもが記念品をもらえなかった。会費を払っていないから子どもが傷ついても仕方がない？

参考となる法令など

●個人情報の保護に関する法律

A

子どもに悪影響のない活動を。個人情報の横流しなどがないよう充分に注意が必要です。

解説 いろいろな見解があると思いますので、一つの考え方としてお話しします。

ＰＴＡとは保護者と教職員で自主的に構成される、学校とは別の任意加入の団体で、子どもの健やかな成長を図ることを目的とし、親と教師とが協力して、学校、家庭における教育に関して理解を深めたり、校外における生活の指導、地域における教育環境の充実のための活動が目指されているようです。

社会教育関係団体として、その学校に通う全ての子どもたちの成長を目的としているはずですから、非加入家庭の子どもに対しても、非加入を理由に加入家庭の子どもとの間に関わり方の違いが出るべきではない、という考え方があります。

各地のＰＴＡ連絡協議会が出しているガイドラインにその旨が書かれていることも多く、卒業式などの記念品の交付についても、全ての子どもに対し提供される必要があるとの記述も見受けられます。

一方で、それは**損害賠償義務という形で強制されるものではない**、という考え方もありそうです。過去に、退会家庭の子どもに対し、修了式でコサージュが交付されなかったことは不法行為であるとし、受けた精神的苦痛について損害賠償請求がなされた裁判で、この請求を認めないと言い渡した判決もあります。

子どもたちが傷ついたりすることなく、ＰＴＡが本来の目的を果たすためにどうあるべきか、意見の違う保護者同士が、話し合いを尽くすことが大事だと思います。

なお、ＰＴＡが会員名簿作成時に個人情報を取得する場合は注意が必要です。公立、私立ともに、学校には個人情報の保護に関する法律（いわゆる個人情報保護法）が適用され、個人情報を第三者に提供する場合のルールが定められています。

ですから、保護者に無断で、学校からＰＴＡに個人情報を横流しすることは問題があります。**ＰＴＡが名簿作成等のために会員の個人情報を取得する場合は、法に基づいて適切に取得する必要があります。**

COLUMN

法的解決は、まず事実確認から

家で子どもと話していると、子どもが「今日、学校でこんなこと言われたんだけど、絶対おかしいよね？」などと言ってくることがあります。何ごとかと話を聴いてみると、お友達や先生の発した言葉を、おそらく本来の意図とは異なるネガティブなニュアンスで受け止めてしまったと思われることがあったり、ちょっとドキっとしてしまうような深刻な事態が疑われ、子ども以上に心が痛んでしまったりすることがあります。

そして、子どもからそのような話を聴かされることはそれほど特別なことではなく、ほぼ毎日のことなので、私は、子どもの「今日ね……」という言葉をドキドキしながら待ち構えています。本当は、子どもが何を言ってきても、どっしりと構え、なんでも余裕で受け止められる親になりたいと思っていますし、子どもには、自分で事態を乗り越える力をつけていってほしいとも思っています。

でも、「今日ね……」に続く言葉に、子どもの悩みや苦しみを見出してしまうと、どうしても「この子を守らなきゃ」という気持ちが先に立ってしまいます。そうなると、ついつい、子どもと一心同体になり、子どもの気持ちを害した相手に対し感情的に文句を付けたくなってしまうこともあります。

こんなとき、子どもと同じ目線で感情的に事態に対応しようとすると、決まって、あまりうまくいきません。子どもの話を聴いて、私が「事実」だと思い込んだことが、必ずしも事実ではなかったり、同じ事実について、立場によっていろいろな評価の仕方があったりして、必ずしも、私の思う「こうあるべき」が唯一の正解だとはいえないことが多々あるのです。

だからこそ、法の知識を武器に論理的に訴えよう！　……と思うその前に、一にも二にも、事実確認が大切です。本書を通して、このことを感じていただけたらうれしいです。

PART 5

子どもの気になる行動

「親なのだから、自分の子どものことは誰よりも全て理解している」と思ってしまいがち。もちろん、親は子どもにとっていちばんの理解者でありたいですし、いつだって子どものことを誰よりも信じていたいですよね。でも、もし子どもの言動に違和感を覚えたら、それは子どもが発しているサインかもしれません。深刻なトラブルに巻き込まれる前に、子どもの直面している事態に一緒に向き合うことが大切だと思います。

Q 67

海賊版サイト

参考となる法令など

●著作権法

海賊版サイトでマンガを読んでいる。閲覧だけならセーフ？

A

海賊版サイトのコンテンツをダウンロードして閲覧することも違法です。

解説 音楽・アニメ・映画・マンガなどは、作った人が自分の思いや感情を作品として表現したものです。これを「著作物」といい、著作物を作った人を「著作者」といいます。そして「著作者」に法律上与えられた権利を「**著作権**」といいます。

海賊版サイトは、ネット上で、著作権者に無断でマンガなどのコンテンツをアップロードしています。

かつて、海賊版サイトの運営者が著作権法違反等で有罪判決を言い渡されたと報じられたことがありましたので、**著作権者に無断でコンテンツをアップロードすることが犯罪**だということは比較的知られているかもしれません。

でも、**違法なサイトだと知りながらコンテンツをダウンロードした場合も、著作権法の定める一定の要件を満たした場合、犯罪と評価され、刑事処罰を受ける**可能性があります。

だからといって、「一定の要件を満たしていなければ海賊版サイトで閲覧してもいい」というわけではありません。

文化庁が発行している教材「みんなで考えよう！著作権と海賊版」では、「海賊版が横行すると、著作権者等が適切に対価を得ることができなくなってしまい（中略）正規版の商品が売れず、制作側の収益が減ってしまいます。（中略）その結果、新たな作品が生まれなくなる可能性があります」と注意喚起しています。

子どもには、「犯罪だからだめ」ではなく、海賊版サイトのコンテンツを閲覧すること自体が、犯罪に加担することになるのだという認識をもてるようにしたいですよね。

また、**違法サイトの閲覧により、ウイルス感染や個人情報漏えいのリスクが高まる**ともいわれています。

文化庁のホームページでは、著作権について、高校生に向けた指導教材や説明動画を掲載しています。※保護者の方のサポートがあれば、小中学生でも十分理解できる内容だと思います。参考にしてみてください。

※「文化庁　海賊版対策情報ポータルサイト」で検索

Q 68

ゲーム実況

動画投稿サイトでゲーム実況を配信している。

●著作権法

A

著作権を侵害するリスクがあります。ガイドラインの確認を。

解説 最近、ゲーム実況の投稿が増えていますよね。子どもが友達と一緒に投稿するということも多いようです。

注意しなければいけないのは、**ゲームも「著作物」にあたる**ということ。**著作権をもつゲーム会社の許可をもらわずにゲーム実況動画を投稿すると著作権侵害になり得る**のです。

たしかに、ゲーム実況によって、そのゲームを視聴者に広く宣伝する効果もあり、この点からするとゲーム会社にメリットがありそうです。でも、ゲームによっては、そのストーリーが大事な意味をもってくるものも。にもかかわらず、それを無断で投稿してしまえば、いわゆるネタバレになってしまい、ゲーム会社の損失は大きくなります。

ゲーム会社は、動画投稿に関するガイドラインを公表しており、そこに、投稿の可否や禁止事項等が定められています。子どもがゲーム実況の投稿をするという場合には、一緒にゲーム会社のガイドラインを確認する必要があるでしょう。

著作物の種類（著作権法10条）

言語	講演、論文、レポート、作文、小説、脚本、詩歌、俳句など
音楽	楽曲、楽曲を伴う歌詞など
舞踊・無言劇	日本舞踊、バレエ、ダンス、舞踏、パントマイムの振り付け
美術	絵画、版画、彫刻、漫画、書、舞台装置、茶碗、壺、刀剣などの美術工芸品
建築	芸術的な建築物
地図・図形	地図、学術的な図面、図表、設計図、立体模型、地球儀など
映画	劇場用映画、アニメ、ビデオ、ゲームソフトの映像部分など
写真	肖像写真、風景写真、記録写真など
プログラム	コンピュータ・プログラム

著作物にあたらないもの
- 単なるデータなど、人の思想や感情を伴わないもの（例：富士山の標高は3776.24m）
- 創作的でないもの（ありふれたものや模倣品）
- 「表現」されていないもの（アイデアの段階のもの）
- 文芸、学術、美術、音楽の範囲に属さないもの（工業製品など）

文化庁「みんなで考えよう！ 著作権と海賊版」より引用して編集
https://www.bunka.go.jp/seisaku/chosakuken/kaizoku/assets/pdf/93882901_02.pdf

Q69

万引き

子どもが万引きをして通報された。たかが100円くらいで大げさでは？

A

万引きは犯罪です。場合によっては少年院送致も。行為の背景をしっかり聴きとって。

参考となる法令など

●刑法235条（窃盗罪）

解説 「万引き」というと、まるでいたずらの延長のようで軽く聞こえがちですが、これは**窃盗罪にあたり、10年以下の懲役または50万円以下の罰金が法定刑として定められている重い犯罪**です。

「まだ子どもだし、少額だから見逃してくれれば」と思うかもしれませんが、お店にとっては経営に直結する深刻な被害になることはもちろん、**万引きを見逃すことは、子どもにとっても、より多額な窃盗、その他の犯罪へとエスカレートする**きっかけになりかねません。

14歳未満なら「罰しない」とされていますが、14歳以上であれば、少年法に基づき、原則として全ての事件が家庭裁判所に送致されます。

事実が極めて軽微で、犯罪の原因、動機、少年の性格、行状、家庭環境等から再犯のおそれがない場合は、「簡易送致」という書類のみの手続きになり、家庭裁判所の審判は開かれないこともあります。逆に、常習的だったり、他の事情なども合わせ考え、子どものやり直しにとって必要だと判断されれば少年院送致になる場合もあり得ます。

保護者としては、お店への弁償、謝罪を検討したり、必要に応じ、弁護士に相談したりするのがよいと思います。

子どもの万引きが発覚した場合、大事なのは、**その行為の背景を知ること**です。お店や警察から説明があるかもしれませんが、保護者においても、しっかり子どもと話をする必要があると思います。

保護者としては、「その物が欲しかったんだろう」と思い込んでしまうかもしれません。でも、そのような行為の裏に、子どもの言葉にできない思いや悩みが隠れている可能性もあります。

もしかしたら、学校でいじめの被害に遭っていて、その物を盗んでくるよう命じられて万引き行為に及んだものの、その事実を打ち明けられずにいるのかもしれません。あるいは、窃盗症など医療的ケアを要するケースも考えられます。

この機会に、子どもの抱えている事情や思いを聴くことはなによりも大事なことだと思います。

Q70

誹謗中傷

SNSで芸能人に誹謗中傷のコメントを送っていた。これくらい有名税ですよね？

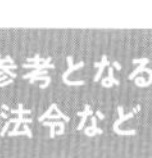

●刑法222条（脅迫罪）●刑法230条（名誉毀損罪）●刑法231条（侮辱罪）●特定電気通信役務提供者の損害賠償責任の制限及び発信者情報の開示に関する法律

A

誹謗中傷は犯罪になり得る行為。発信者を特定することもできます。被害者の命を奪う危険性も考えて。

解説 SNSが身近な今、ふだんから、SNS上での発信の仕方については親子でしっかり話し合いをすることが大事だと思います。子どもがSNSで誹謗中傷コメントをしていることがわかったときは、ただちにそれをやめるよう注意するとともに、その意味をしっかり伝えるべきでしょう。

「この人、不倫しています！」「前科があります！」などと**相手の社会的評価を低下させるような書き込み行為は名誉毀損罪**に該当しますし、「お前みたいなやつは生きている価値がない」などと**人格を否定する書き込み行為は侮辱罪**に該当する行為です。「お前の家族が痛い目に遭うからな」などと**相手やその家族の身に危害を及ぼすような書き込み行為は脅迫罪**に該当する行為です。**誹謗中傷について、民法に基づき、不法行為であるとして慰謝料請求をされる可**能性もあります。

「匿名だからバレない」と考えるかもしれませんが、それは間違いです。「特定電気通信役務提供者の損害賠償責任の制限及び発信者情報の開示に関する法律」（通称プロバイダ責任制限法）に基づき、**発信者を特定する手続きは整っています**。発信者が特定されて、個人情報を晒され、その情報がインターネット上に半永久的に残ってしまうおそれもあります。

同時に、自分がもし不特定多数の人たちから誹謗中傷を受けたらどんな気持ちになるか、自分ごととしてイメージしてほしいなと思います。人によって、また、その時々置かれた状況によって、想像以上に言葉が鋭く突き刺さる可能性があるのです。

「相手が芸能人なら許されるだろう」「ちょっとした悪ふざけだから犯罪だなんて大げさだ」「大勢がコメントしている中の一人に過ぎない」などと軽く考えているかもしれませんが、それは完全な誤りです。**被害者が自殺に追い込まれることもあります**。そして加害者は、自分が引き起こした結果を一生背負って生きていかなければなりません。

「この内容を、大勢の前で、自分の顔や名前を出して発言できる？」と自ら問いかけながら慎重に考えてほしいと思います。

Q71（性加害）

●刑法176条（不同意わいせつ罪）●刑法177条（不同意性交等罪）

兄が妹に性的ないたずらをしているようだ。

A

家庭内だけで解決しようとせず早急に専門家に相談して。子どもたちのメンタルサポートを。

解説 きょうだい同士で性的ないたずらや性暴力があったら、親としてはショックで現実を直視できないかもしれません。でも、それが事実なら、大事なことがあります。

それは、**専門家のサポートを受ける**ことです。

深刻な事態の場合、二度と同じことが起きないように、早急に二人を隔離し、安全な環境を整えましょう。**児童相談所に相談のうえ、助言を受けながら、一時保護などを利用し、被害に遭った子の心身のサポートと加害側の子の対応**が必要です。

被害に遭った子は、恐怖や嫌悪の感情だけではなく、きょうだいを慕う感情も入り交じり、混乱したり、被害を打ち明けた自分を責めてしまったり、不眠や自傷行為等様々な心配な状況が現れるかもしれません。児童相談所、病院など専門機関に相談しながら長期にわたり慎重にサポートすることも考えましょう。場合によっては、親自身にも精神的な支援が必要かもしれません。

入浴を覗くなどの行為があるものの、まだ事態が深刻とはいえず、専門機関への相談がためらわれるケースもあるかもしれません。

しかし、されている側の子どもにとっては、決して軽微ないたずらとはいえず、トラウマとして心に残ってしまうおそれがあります。大人になってから、あれは性被害だったと気がつく場合もあるでしょう。

家庭内のことだから、まだ幼いからと事態を流すことなく、慎重に見守り対応していくことが、子どもを守り、その後の深刻な性加害・性被害を阻止すると思います。

なお、これは同性同士でも同じことがいえます。男の子同士だから……などと区別して考えるべきでないと思います。

子どもたちには、Q35に挙げたようなプライベートゾーンに関する話をした上で様子を見守り、それでも行為が止まない場合には、早めに**児童相談所や自治体の子育て相談窓口に相談する**ことをおすすめします。

Q72

（ナイフコレクション）

参考となる法令など

●銃砲刀剣類所持等取締法 ●軽犯罪法 ●青少年健全育成条例

ネットでナイフを買って
コレクションしている。
ファッション感覚のようだから
心配いらない？

A

コレクションの域を出ないように
保護者が適切に管理を。
持ち出せば犯罪になる可能性も。

解説 「銃刀法」では、所持自体が犯罪になるものとして、クロスボウや刀剣類などが定められています。※ また、刃体の長さ6㎝を超える刃物を正当な理由なく携帯することも禁止しています。

これをもって「6㎝未満の長さなら法律上問題ない」と考えるかもしれませんが、それは誤りです。「軽犯罪法」では、正当な理由なく刃物など人の生命を害したり、身体に重大な害を加えるのに使用されるような器具を隠して携帯することが禁止されています。ですから、**すぐに使える状態でナイフを隠し持っていれば軽犯罪法違反になる**可能性があります。

最初は単に収集目的だったのが、コレクションを他人に見せたいという気持ちが高まり、学校等に持ち出したくなる可能性があることについては、保護者としてあらかじめ想定し、**子どもに対し、それが犯罪になり得ることをしっかり伝えておく必要がある**と思います。

また、大人側の責任を示した例として、各自治体で定めている青少年健全育成条例があります。

たとえば、東京都青少年の健全な育成に関する条例では、構造、機能、危険性が東京都規則で定められる基準に該当する刃物を「指定刃物」とし、**これを青少年に販売、頒布、貸し付けてはならないことや、これに違反した場合の罰則、青少年に指定刃物を所持させないように努めなければならない**ことが定められています。

では、法律に違反しなければ問題ないかというと、それは違うと思います。

その背景に隠れた子どもの思い、関心などを想像し、よく話し合う必要があるでしょう。

ファッション感覚のコレクションだと本人が説明していても、じつは学校でいじめに遭い、護身用グッズを購入する過程でナイフに興味をもったのかもしれません。粗暴な映像等に刺激されたのかもしれません。頭ごなしに否定したり、放置したりするのでなく、子どもと真正面から向き合うことが大事なのではないかなと思います。

※刀剣類とは、刃渡り15cm以上の刀、やり、なぎなた、刃渡り5.5cm以上の剣、あいくち、45度以上に自動的に開刃する装置を有する飛出しナイフ（一部例外あり）を指します。

Q73

（動物虐待）

参考となる法令など

●動物の愛護及び管理に関する法律

野良の子猫を痛めつけて遊んでいた。幼さゆえのいたずらで悪気はなさそうだけど…。

A

動物虐待は犯罪です。支援を要する可能性もあるので軽視するべきではありません。

解説 **動物を故意に傷つけたり痛めつけたりする行為は、それ自体が犯罪**になり得ます。「まだ子どもだから」「いたずら」「悪ふざけ」で済むような話ではまったくないことを、子どもも保護者も認識する必要があります。

「動物の愛護及び管理に関する法律」（いわゆる動物愛護法）では、猫や犬などの愛護動物を殺したり傷つけたりした場合は、5年以下の懲役または500万円以下の罰金、愛護動物の身体に外傷が生ずるおそれのある暴行を加えたり、そのおそれのある行為をさせるなどの虐待を行った場合は、1年以下の懲役または100万円以下の罰金に処すると定められています。

もしかしたら、子どもは「飼い主のいない動物なら、犯罪にならないだろう」と誤った理解をしているかもしれません。

でも、法律は、牛、馬、豚、めん羊、山羊、犬、猫、いえうさぎ、鶏、いえばと、あひるについては、**人に飼われているかどうかに関わりなく、「愛護動物」として定めています。**だから、**飼い主のいない動物に対する虐待行為も犯罪**になるのです。

ただ、「犯罪だからやってはだめ」で片づけることは危険です。

殺傷事件を起こした未成年者が、そこに至る過程で、過去に動物を虐待していた疑いがあるという報道を見聞きしたことがあると思います。私を含む多くの保護者は、漠然とした「動物虐待は危険な行為」という以上の専門的な知識をもっていないことが多いとは思いますが、動物に危害を加える子どもの背景やそこに至る動機などについては様々な研究がされています。あまり事態を軽視せず、子どもとしっかり向き合う必要があるでしょう。

子どもの行動や心と丁寧に向き合うためには、専門家の力を借りて正しく読み取る必要があり、場合によっては、**子どもに対し、至急何らかのサポートを要するかもしれません。**愛護動物への虐待行為が疑われたら、**児童相談所、病院への相談**を検討しましょう。

Q74

（火遊び）

火遊びが好きでマッチやライターで遊んでいる。

A

火災のおそれや人の命をおびやかす危険性が。火について正しく学ぶことも必要。

参考となる法令など

●刑法108・109・110条（放火罪）●刑法116条（失火罪）●民法709条●民法712条●民法714条

解説 子どもの「火遊び」を「遊び」「いたずら」として軽く見るのはとても危険です。

東京消防庁の発表によると、平成29年から令和3年までの間に、管内で起きた子どもの火遊びに起因する火災は104件にものぼります。

一人で留守番をしていた子どもが、外で拾ったマッチ箱で火をつけて遊んでいたところ、消し方がわからなくなり、ゴミ箱に捨て、火が紙くずに燃え移って出火したという火事が発生した例もあります。

また、子ども同士でアパートの資材置き場にあった段ボールに火をつけて遊んでいたところ、その火が住宅部分に燃え移り、住人が亡くなったという事件が報じられたこともあります。

火が燃え広がると、子どもが想定できる範囲をはるかに超え、多くの人の命に関わる火災につながる危険があります。これは「いたずらの範囲」などではありません。

幼い子どもの「火遊び」で多くの人の命に関わる火災が発生し、人の心身、財産に損害が生じた場合には、民法に基づき、通常なら保護者に、その損害を賠償すべき法的責任が生じ得ます。人が亡くなってしまった場合などは、非常に高額な賠償額になってしまう可能性もあります。

また、事実関係によっては、子どもの行為が**放火罪、失火罪**に該当するとして少年法による手続きが進められることもあるでしょう。

しかし、「火遊びをしてはだめ」と注意するだけではあまり効果は期待できません。もしかしたら、火への好奇心がある一方で、火というものが身近でないために、火に関する知識や火に対する警戒心が乏しくなっていることも考えられ、それが「火遊び」の原因になっているかもしれないからです。その場合は、親が、火について子どもが正しく知る機会を作る必要があると思います。そして、ガスの元栓は常に閉めておく、ライターなど発火につながる物を子どもの手の届かない場所で厳重に管理する、幼い子どもだけを家に残して外出しないといった「火遊び」を防ぐ環境作りも重要だと思います。

Q 75

迷惑動画

参考となる法令など

●刑法233条（業務妨害罪）●刑法261条（器物損壊罪）●民法709条●民法712条●民法714条

飲食店で悪ふざけをして撮影した動画を友達同士で送っていた。

A

犯罪に該当したり賠償責任が生じたりする可能性があります。

解説 飲食店の備え付け什器を舐めるなどし、その動画を撮影して投稿するといった行為が連日報じられたことがあります。その中には未成年者もいたとのことでした。

このような行為は、それ自体犯罪にあたる可能性があります。

飲食店の物を、衛生上、使い物にならない状態にしたのであれば器物損壊罪に該当する可能性が、業務に支障が出る危険性を生じさせれば業務妨害罪に該当する可能性があり、少年法による手続きが進められることが考えられます。

また、**不衛生な行為によって、飲食店が器具等を買い替えたり消毒したりする必要に迫られ、損害が発生した場合、その損害につき賠償責任を負うこと**になります。実際に飲食店の運営会社から多額の賠償額を示されたケースもありました。

子どもは、すぐに投稿を削除すればいいと軽く考えているかもしれませんが、その投稿が第三者により保存されたり拡散されたりして、SNS上でずっと残り続ける可能性もあります。これが学校に発覚すれば、学校において何らかの処分につながることがあり得ますし、その先もずっと自分の行為がさらされ続け、進学、就職などの場面で不利益に働く可能性も否定できません。

保護者は、迷惑行為は単なるモラルの話ではなく犯罪行為に該当し得たり、賠償責任も生じ得たりすること、さらにはどんなことが自分の身に降りかかるかということを、過去の事例なども踏まえて具体的に伝える必要があるでしょう。

このような迷惑行為は、複数人で行われる傾向があります。もしかしたら、友達に誘われ、関係性を維持するために、断り切れずにやってしまったのかもしれません。

そのような事態も想定し、子どもには、自分の心の中の違和感、「それ、やって大丈夫?」というアラートを無視せず、そうした行為を強いてくる相手と距離を置くことの大切さなどについても日常的に話し合いをすることも大事だと思っています。

COLUMN

日常会話にさりげなく「法」を

子どもと一緒にテレビを観ていると、ニュースから流れる事件の報道を見て、子どもが「こんなことして逮捕されたんだ。ひどいね」などと言ってくることがあります。

そんなとき、子どもに、「逮捕」は「罪を犯したこと」と同じ意味ではないことや、子どもが「こんなこと」と異世界での出来事のように感じていることが、実は、私たちのすぐ身近でも起き得るということなどを伝えるようにしています。

このようなふだんの何気ない会話を通して、子どもは少しずつ、法の存在を意識するようになってきたようです。自分の身近で起きた出来事についても「これって犯罪になるのかな?」とか「これって法的に問題になりそうじゃない?」などと質問してくる機会も増えたように感じています。先日も、「富士山の絵を描きたいと思うんだけど、それは著作権的に問題にならないかな?」と質問されました。

昨今は家族そろってテレビを観ることも少ないと思いますが、ニュースで見聞きした事件や、動画投稿サイトで話題となった人気の動画、SNSでの炎上投稿など、話題を見つけて、「これって法的にどうなんだろう?」といったことを親子で話してみるのもよいかもしれません。

このとき、正しい法的な解釈をしようとするとハードルが上がってしまうので、正しいか正しくないかはさておき、法的な視点で物事を見ることを習慣づけることを目標にしてみるとよいと思います。

その積み重ねが、子育ての中で判断が難しい局面に立ったときの指針となったり、危険な目に遭いそうなときにセンサーとなったりして、役立つことがあるかもしれません。

あまりかしこまらずに、さりげなく、日常会話のおともに「法」を……ぜひ試してみてください。

PART
6

いじめは絶対に許されない

自分が子どものころ、いじめの加害・被害の当事者だったり、クラスでいじめがあった記憶がある人も、少なくないかもしれません。大人の社会ですら、いじめといえるような行為が存在するのも事実です。でも、だからといって、大人から子どもに「いじめはなくならない」とか「いじめも社会勉強」などと言ってほしくはありません。いじめは絶対に許されないし、なくさなければいけないことです。いじめとは何か？　いじめに直面している子どもには、どのように向き合えばよいか？　法の力も借りながら、考えてみましょう。

Q76

いじめの定義

参考となる法令など

●いじめ防止対策推進法

いじめなのか遊び・悪ふざけなのか判断がつかないことがある。

A

本人が苦痛を感じていればそれはいじめにあたると法律で定義づけられています。

解説 子ども同士のやりとりを見ていて、ドキッとすること、ありますよね。

いじめ防止の対策などを定めた法律「いじめ防止対策推進法」では、「いじめ」とは、「児童等に対して、当該児童等が在籍する学校に在籍している等当該児童等と一定の人的関係にある他の児童等が行う心理的又は物理的な影響を与える行為（インターネットを通じて行われるものを含む。）であって、**当該行為の対象となった児童等が心身の苦痛を感じているもの**」と定義されています。楽しそうに見えても、**本人が心身の苦痛を感じていれば、その行為はいじめと評価される**可能性があります。

では、外から見たときに、いじめなのか、悪ふざけなのか判断がつきにくいとき、わが子とどう向き合ったらよいでしょうか。一つの例としてお話しします。

わが子が「やられる側」だったら、本心を探るための会話が一つの選択肢になると思います。「本当はどう感じたのか」「いやだという気持ちをそのまま表現したらどうなると思うか」「喜んでいるかのような表現をしたのはどんな気持ちがあったからなのか」。そんな会話を丁寧に積み重ねて、心身の苦痛を言葉にできるようサポートすることが大事だと思います。

また、子どもの意思に反してすぐに相手に注意したり、友達の親や先生に対して抗議をしたりしないのも大事なことかもしれません。親に本音を話しても過度に騒ぎ立てたりせず、子どもの思いに耳を傾けてくれると思えた経験があれば、今後も、何かあったときには親に相談しようと考えられると思うからです。

反対に、わが子が友達を傷つけるような言動をしているものの、その子とは仲良しに見える場合も、その言動は人を傷つける可能性があること、そして相手が苦痛を感じていればそれは「いじめ」にあたり得るということを、率直に伝えるのがよいと思います。その上で、友達が傷ついているように見えなかったとしたら、それはどうしてなのか、ということも一緒に考えなければいけないと思います。

Q77（身体的いじめ）

暴行をけんかだと言い張る。警察に相談してよい？

A 警察や学校など適切な相手に相談を。

参考となる法令など
●刑法204条（傷害罪）●刑法208条（暴行罪）

解説 子どもがけがをして帰宅し、明らかに様子がおかしいのに、真相がわからない状況は不安ですよね。

けがが重く、**「一方的」に近い状態で暴行を受けたといえそうな場合には、学校内のことであっても暴行事件として警察に相談することも選択肢の一つに**なるのではないかと思います。

ただし、けがが幸い軽く、情報にも乏しい場合、仮に警察に相談しても、警察としても事件を想定し捜査することは難しい可能性もあります。

まずは、お子さんからじっくり話を聴くとともに、学校側に相談し、ことの経緯を見聞きしている子どもたちがいないか、調査を求めるのがよいかもしれません。

本人から話を聴くときは、**何に引っ掛かりを感じて本当のことを詳しく話せずにいるのか**を知ろうとすることが大切だと思います。

親に心配をかけまいという気持ちがあるのかもしれませんし、大ごとになり、けんかをした相手との関係性が壊れてしまうことをおそれているのかもしれません。実は深刻ないじめ被害に遭っており、加害者から口止めをされ脅されているのかもしれません。

背景に横たわる事情を想像しながら、子どもが不安を感じない方法で話を聴き出す工夫が大切だと思います。

Q78 身体的いじめ

ロッカーに長時間閉じ込められた。遊びであっても許せない。

A **監禁罪にあたる行為です。背景に継続的ないじめがないかも含め慎重に確認を。**

参考となる法令など

●刑法220条（監禁罪）

解説 **人を一定の場所から脱出できない状態に置くことで人の身体的な自由を奪う行為は、監禁罪にあたります。**ロッカーに閉じ込め、内側から開けることができない状態に置いたら、それは監禁罪に該当し得る行為です。また、閉じ込められた本人が心身の苦痛を感じていたら、これはいじめにあたります。いじめは法律で禁止されています。**閉じ込めた側が遊びのつもりだったとしても同じ**です。

犯罪だからいけない、というだけではありません。

もし、ロッカーに閉じ込めたことを忘れたまま帰宅してしまい、そのことに誰も気づかなかったら？もし、それが暑い日で、水分もとれないままに熱中症になってしまったら？もし、閉じ込められた人が閉鎖空間に恐怖を感じやすく、パニックに陥り暴れてロッカーごと倒れてしまったら？少し想像しただけでも、命に関わる非常に危険な行為です。

子どもがそのような被害に遭ったら、事情をじっくり聴いて、相手の保護者に話をする、学校に相談するなどの選択肢の中からどう対応するか、子どもの意向に耳を傾けながら、親子でよく話し合ってみる必要がありそうです。**被害の背景に、継続的に「遊び感覚」でいじめられていたという実態があるかもしれない**ことを念頭に置き、慎重に対応する必要があると思います。

Q79

精神的いじめ

「いじり」と称して言葉のいじめに遭っている。被害はどう証明すればいい？

参考となる法令など

●いじめ防止対策推進法 ●いじめの防止等のための基本的な方針

A

いじられた本人が苦痛と感じていればそれはいじめです。客観的証拠をできるだけ集めて。

「いじり」により傷ついている場合の対応、難しいですよね。

「いじめ防止対策推進法」では、**「いじめ」とは、対象となった子どもが心身の苦痛を感じているもの**と定められています。また、文部科学大臣決定による「いじめの防止等のための基本的な方針」では、**個々の行為が「いじめ」に当たるか否かの判断は、いじめられた子どもの立場に立つ必要がある**とし、いじめられている本人がそれを否定する場合が多々あることを踏まえ、子どもの表情や様子をきめ細かく観察して確認する必要があることなどが明記されています。

ですから、たとえ相手が「愛あるいじり」などと行為を正当化していても、**子どもが「いじり」により心身の苦痛を感じているなら、それは「いじめ」に該当し得る**のです。

言葉による「いじり」は罪悪感が小さい心理状態のもとで継続し、徐々にエスカレートする可能性もあり、看過できません。その場合、学校にも報告し、対応を相談する必要があるでしょう。

「いじり」は証拠として残りにくい傾向があるため、事実関係を明らかにする必要があります。

まず、子ども本人から、いつ、どこで、誰に、何と言われたか、正確に聴き取るのが重要です。周りに誰がいたかも確認できると、目撃状況を確認したい場面で役立ちます。

過去の出来事について正確に話すのはなかなか難しいので、何かある都度、その日のうちに詳しく話を聴き取って記録しておくと、その積み重ねが重要な証拠になると思います。

できるだけ客観的な証拠を集めるという視点も大切です。たとえば、相手のメール、SNS投稿、状況を見ていた友達の話、録音や録画などです。

「いじり」は、加害者側が「いじめ」であるという認識をもっていないことも多いために話し合いがスムーズにいかないこともあります。話し合い等の進め方についても、弁護士に相談するなど慎重に対応するのがよいと思います。

Q80 金銭的いじめ

条文

●刑法223条（強要罪）●刑法246条（詐欺罪）●刑法249条（恐喝罪）

貸したお金を返さなかったり、万引きの強要があったりする。

A 犯罪にあたるケースも。日常的ないじめも疑って。

解説 **脅したり暴力を振るったりして金銭を要求することは恐喝罪にあたり得ます。脅したり暴力を振るったりして、意に反して万引きなどを無理やりさせれば強要罪にあたり得ます。**返す気などないのに、**嘘をついてお金をだまし取る行為は詐欺罪**にあたり得ます。このような犯罪被害に遭ったら、相手が子どもだとしても、**警察に被害申告することも一つの選択肢**になると思います。

ただし、警察への相談だけでは根本的な解決にならない可能性もあります。

このような犯罪行為の裏には、金銭的な被害だけでなく、日常的ないじめ被害が隠れている可能性が高く、犯罪被害の申告のみでは事態が解決しないことが考えられるからです。

金銭的な被害に遭っていることがわかったら、子どもの話をじっくり聴き、他にも日常的に嫌がらせをされていることはないか、確認することが重要だと思います。

もし他にも嫌がらせをされており、日常的に不安な思いを抱える中で金銭的な被害にも遭っていたことがわかったら、学校に報告し、調査、再発防止策を講じることを求める必要があるでしょう。学校への相談に不安がある場合は、弁護士に相談してみることも考えてみてください。

Q81 SNSいじめ

悪質に加工された写真が校内で拡散されているらしい。

A 犯罪にあたる可能性も。学校に至急の対応を求めて。

条文

●刑法230条（名誉毀損罪）●刑法231条（侮辱罪）

解説 わが子の写真が悪質に加工され出回っているとなると、保護者としても見過ごせない事態だと思います。思いがけない範囲に拡散されるおそれもありますから、状況によっては、早めに警察に相談するのがよいでしょう。

写真がSNSに投稿されるなどしていたら、写真につけられたコメント等の内容によっては、名誉毀損罪や侮辱罪が成立する可能性があります。投稿した者には、**その行為が名誉毀損にあたるとして損害賠償を請求する**ことも考えられます。

画像の拡散が、学校内のごく限られた範囲にとどまっているなら、まずは学校に被害を報告し、至急の対応を求める方が迅速な解決につながるかもしれません。学校側から子どもたちに、そのような画像などを投稿すると犯罪が成立し、捜査の対象になったり賠償義務を負ったりする可能性があることを伝え、それ以上拡散しないよう周知徹底するよう求めましょう。必要に応じて、保護者にも周知したほうがよい場合もあります。

また、学校側は、子どもたちへのアンケートや個別面談などを通して、いつ、誰から画像が送られてきたか聴き取るなどの調査を行う必要もあるでしょう。学校内でのスマホ機器利用のルールの見直しなども必要かもしれません。

Q82

（SNSいじめ）

参考となる法令など

●いじめ防止対策推進法 ●刑法230条（名誉毀損罪）●刑法231条（侮辱罪）●民法709条

チャットグループから外されたりSNS上で悪口を言われたりしている。

A

SNS上であっても本人が苦痛を感じていればいじめです。名誉毀損罪や侮辱罪になる場合も。

解説 **無料通話**（チャット）**アプリも、利用法によっては心身の苦痛を感じさせることはありますから、これを使った言動がいじめにあたる場合があります。**

最近では、この「SNSいじめ」の被害が増えているといいます。

たとえば、グループ内で一人に対しその他メンバー全員が暴言といえるようなメッセージを送ったり、理由もなくグループを強制的に退会させたり、同じメンバーで別グループを作り、そこに一人だけ入れずにその一人の悪口を言い合うなどの態様でいじめが行われることがあります。

このようなSNSいじめには、次のような特徴があります。①外から見えにくく、発覚しにくい ②いじめの対象となる子の様子がダイレクトに見えないことから罪悪感を抱きにくい ③文字による言葉の受けとめ方は、受け手の性格、そのときの状態によって左右され、言葉を投げかけた側の意図を超えて深刻な傷を負わせることもあり得る、などです。

もしかしたら、相手の顔が見えないぶん、リアルな場で行われるいじめ以上に深刻な事態になるかもしれません。

このようなSNSいじめについても、**いじめた側には法的な責任が生じ得ます。発言やそのグループの規模によっては、名誉毀損罪、侮辱罪等に該当する可能性がありますし、**相手の心を傷つけた行為については、民法に基づき**慰謝料の支払義務を負う**場合もあり得ます。

学校に、アンケート調査などの対応を求めたり、弁護士への相談を検討したりしてもよいかもしれません。

ただ、いじめであるという証明が難しいケースも多いと思うので、何が起きているのか、事実を正確に証拠化しておくことが大切です。無料通話アプリ内でのやりとりは、後に削除されてしまう可能性もあるため、**スクリーンショット画像を保存**しておくとよいでしょう。その際は、該当コメントだけでなく、**全体の流れが把握できるように、日時も含めてスクリーンショットにより保存しておく**のがよいと思います。

Q83

性的いじめ

自慰行為を強要され、その様子を撮影されてSNSで拡散された。

A

犯罪にあたる行為です。学校、警察等に連絡するとともに本人のメンタルケアを。

参考となる法令など

●刑法175条（わいせつ物頒布等罪）●刑法176条（不同意わいせつ罪）●刑法223条（強要罪）●児童買春、児童ポルノに係る行為等の規制及び処罰並びに児童の保護等に関する法律 ●性的な姿態を撮影する行為等の処罰及び押収物に記録された性的な姿態の影像に係る電磁的記録の消去等に関する法律

解説 いじめはどんな態様であっても、それ自体許しがたく、被害に遭った子どもの負う傷に、深い、浅いなどないと思います。でも、とりわけ性的ないじめは、他のいじめとは違った意味での苦痛を与える、本当に卑劣な行為です。

性的行為の強要は、それ自体、犯罪になり得ます。16歳未満の子どもにわいせつな行為をすれば、それ自体が不同意わいせつ罪に（16歳以上に対しては、同意しない意思の形成・表明等が困難な状態にさせるなどしてわいせつ行為をした場合）、**脅して無理やり自慰をさせるなどの行為は強要罪**に該当する可能性があります。

その様子を撮影した動画や写真をSNS上などで拡散する行為は、内容によっては、**わいせつ物頒布等罪、児童買春、児童ポルノに係る行為等の規制及び処罰並びに児童の保護等に関する法律違反の罪、性的姿態撮影等処罰法違反の罪などに該当する**可能性があります。14歳以上なら原則として家庭裁判所に送致されます。場合によっては少年院送致などの保護処分になる可能性もあります。

性的ないじめは、その状況を撮影し、画像や動画をSNSで拡散するような動きとセットで行われることも少なくありません。そのため被害者は、被害に遭っていること自体を恥ずかしく思ったり、画像を見られることを恐れたりして、親にも学校にも相談できずに一人で抱え込んでしまう可能性があります。

被害に遭った子どもが負う傷の深さははかり知れず、もし、そのような被害を受けた様子がうかがわれるのであれば、ただちに対応が必要になります。

子どもから何があったのか事情を聴き、対応についても子どもの意向をじっくり確認し慎重に進めましょう。

学校側に報告し、必要な調査を求めるとともに、必要に応じて警察にも被害申告を。以上は他のいじめ対応とも共通しますが、性的な被害を考慮し、勇気を出して被害を打ち明けたお子さんの気持ちに配慮したメンタルケアや、拡散された画像の削除に向けた速やかな対処が特に重要になります。

Q84

いじめの対応

いやがらせが原因の不登校で引っ越しを余儀なくされた。加害者に謝罪させ、引っ越し費用を負担させたい。

参考となる法令など

●民法709条 ●民法712条 ●民法714条
●いじめ防止対策推進法

A

いじめと転居の因果関係が認められる必要があります。転校しない選択肢の検討も。

解説 **子どもが心身の苦痛を感じている以上、そのいやがらせ行為はいじめにあたり、不法行為といえる可能性があります。**その場合、**相手（加害児童の年齢等によってはその保護者）に対し慰謝料を請求する**ことが考えられます。

過去の裁判例では、いじめと転校の因果関係を認め、学校の対応にも落ち度があったとして、（学校の設置者である市に対して）慰謝料の支払いを命じたものがあります。

転居費用を請求する場合は、さらに、「転居せざるを得なかったかどうか」という点も問題になります。たとえば、転居せずに通える学校があった場合は転居との因果関係は否定され、**転居に関わる費用の支払義務までは認められない可能性もある**と思います。

ここまでは、通学が困難になったという前提でお話ししてきましたが、被害者が転校を余儀なくされ、加害者が何事もなかったかのように生活していることを理不尽に感じると思います。在籍している学校での環境を整えるという方法も考えたいですよね。

いじめ防止対策推進法では、学校は「いじめを行った児童等についていじめを受けた児童等が使用する教室以外の場所において学習を行わせる等いじめを受けた児童等その他の児童等が安心して教育を受けられるようにするために必要な措置を講ずる」「教育委員会は、いじめを行った児童等の保護者に対して（中略）当該児童等の出席停止を命ずる等（中略）必要な措置を速やかに講ずる」として、**加害者側の別室学習や出席停止の措置が定められています。**

また、文部科学省のホームページで公開されている「学校におけるいじめ問題に関する基本的認識と取組のポイント」では、**被害を受けた子どもが安心して学校生活を送ることができる環境を整える一環として、クラス替えについても柔軟に検討されてよいこと**などが示されています。

どうしたら安心して学校生活を送れるかという点について、本人の思いをじっくり聴き、その意向に沿った対応を学校に相談できるとよいと思います。

Q85

（いじめの対応）

●いじめ防止対策推進法

いじめられる方にも原因がある場合はいじめられても仕方ない？

A

どんな理由があってもいじめは絶対に許されません。

解説 ある学校で、「いじめられている子の悪いところを本人に教えてあげよう」という学級会が開かれたことがあると聞いたことがあります。これは、「原因があればいじめられても仕方ない」という発想に基づく、これ自体がいじめともいえる許されない行為です。繰り返しになりますが、**いじめは法律で禁止されています**。

弁護士会の取組みで、小学校でいじめに関する授業を行うことがあり、「原因があればいじめられても仕方ない」という考えについて、子どもたちに質問する機会があります。「いじめられる方も悪い」という考え方について意見を聞くと、多くの子どもたちが「いじめられる方にも原因がある場合もある」と答えます。具体的に尋ねると、「もともとその子が別の子をいじめていた」「人の悪口を言う」「みんなの迷惑になることばかりする」などが、いじめられる原因として挙がります。

次に、「では、そういう人はいじめてもいいのかな？」と質問すると、子どもたちは少し戸惑った表情を浮かべます。ここで、「どんな理由があっても、いじめをしていいことにはならない」と、はっきりと伝えるようにしています。

ただ、これでは子どもたちの中に納得できない気持ちが残りそうです。そこで、「もともとみんなの迷惑になることばかりしていた子に対しては、どうすればよかったのか」も一緒に考えるようにしています。「やめてと言う」「先生に相談する」などの意見が出て、子どもたちは「いじめ以外の解決法をとらなければならない」と気付き始めます。

最後に、**いじめは人の命をも奪うことがあり、実際にみんなと同じような年齢の子の身に起きたこともある、だからどんな理由があっても絶対にいじめは許されない**と、正面から伝えています。

これはあくまで伝え方の一例ですが、いじめを正当化する考え方には明確にNOの結論を伝えること、頭ごなしに伝えるのでなく、**子どもたちの意見を聞きながら、丁寧に、一緒に考えていく**ことが大事だと思っています。

Q86

いじめの対応

いじめの傍観者でいることを気に病んでいる。どんなアドバイスをしてやればよいのだろう？

A

傍観者であることを責めないこと。子どもが直面している事情と気持ちに耳を傾けて。

いじめの4層構造という考え方が提唱されています。

①いじめられる子
②いじめる子
③はやし立てたり、面白がったりして見ている子
④見ていないふりをしている子

この④がいわゆる「傍観者」にあたります。わが子が傍観者でいる自分を気に病んでいたらどんな声かけをするのか、とても難しいところですよね。

傍観者である理由は一つではないと思います。単に無関心なのかもしれませんが、次は自分がいじめられるかもしれないという恐怖から何もできずにいるのかもしれません。

まずは、どのようないじめがあるのか、そして、自分はどんな気持ちになっているのか、本当はどうしたいのか、じっくり聴いてみることが大事だと思います。

気を付けたいのは、**頭ごなしに「見てみぬふりをするなんて卑怯だ」とか「傍観者は加害者と同じだ」などとプレッシャーを与えないこと**。まずは、**傍観者でいることを苦しく思ったその気持ちを受け止め、話してくれたことを肯定しましょう。**

その上で、何かできることがないか、一緒に考えてみてはいかがでしょうか。

先生にお願いして、誰が報告したかを絶対に秘密にして調査をしてもらうように相談してみる。先生に匿名で手紙を書く。同じように状況を悲観しているお友達と力を合わせてみる。あるいは、いじめられている子に、こそっと「自分は味方だ」と伝えることだけでもしてみる。――そういったことが考えられるかもしれません。

被害者の子からすると、傍観者の存在が絶望感につながったり、心の痛みがよりいっそう大きくなったりすることがあると思います。逆に、ちょっとした言葉がいじめを受けている子の心を救うこともあるでしょう。とても難しい問題ではありますが、お子さんの気持ちに寄り添いながら、何ができるかを一緒に考えることがとても大切だと思います。

Q87

いじめの対応

いじめを学校に訴えても何も対処してくれない。

A

いじめが発生したら学校は適切に対処するように法律等で定められています。

●いじめ防止対策推進法　●いじめの防止等のための基本的な方針

解説 まず、いじめに対し、学校側が取るべき対処について考えてみたいと思います。

よく、担任が、いじめの加害者側と被害者側を呼んだ上で、仲直りの儀式のようなことを執り行うことがあると聞いたことがあります。

しかし、**形式的な謝罪をさせることが加害者にとって十分な指導とはいえません。**被害者も本当のことや気持ちを話せないでしょうから、いじめの根本的な解決にはならず、学校の対応としては不十分だと考えられます。

いじめが発生したら、学校は、いじめ防止対策推進法や文部科学大臣決定による「いじめの防止等のための基本的な方針」などに基づき対応する必要があります。

まず、保護者からいじめ被害の相談があったら、学校側は訴えに耳を傾け、いじめにあたるかの判断をすることになります。その際、教職員一人の判断で状況を把握しようとせずに、法で設置が定められている学校いじめ対策組織を活用することが求められます。

いじめが確認された場合には、学校は、ただちに被害者やいじめを知らせてきた子の安全を確保して詳細を確認した上で、加害者の話も聞いて適切な指導をする必要があります。その過程でも、**教育委員会への連絡、相談や、警察、児童相談所、医療機関、法務局等の人権擁護機関等との適切な連携をすることが求められています。**

また、**法律では、次のような場合には「重大事態」として組織を設け、質問票の使用等の適切な方法で事実関係を明確にするための調査を行うこと**とされています。

- いじめにより子どもが自殺をしようとした場合
- いじめにより身体に重大な傷害を負った場合
- いじめにより金品等に重大な被害を負った場合
- いじめにより精神性の疾患を発症した場合
- いじめにより子どもが相当の期間学校を欠席することを余儀なくされている疑いがあると認められる場合※

※「いじめの防止等のための基本的な方針」によれば、年間30日間が目安とされていますが、必ずしもこの日数に縛られず対応すべきこととされています。

調査を行ったときは、**被害者や保護者に、必要な情報を適切に提供すべきこと**も定められています。

以上が、いじめが発生したときに学校がとるべき対応です。

わが子がいじめの被害に遭ってしまったら、まずは、子どものいじめ被害に対する十分な対応がなされるよう学校に求めましょう。**「いじめ防止対策推進法」や「いじめの防止等のための基本的な方針」の内容などを冷静に学校に伝え、具体的な対応を依頼する**とよいと思います。

仮に子どもがいじめを苦に自らを傷つけてしまったり、学校に行けなくなってしまったりしているのだとしたら、学校はその状況を「重大事態」として認定し、法で定められた調査等を行う必要があります。

そのように求めてもなお、**学校が何ら対応しないなら、公立学校なら地方公共団体の教育委員会へ、私立学校ならその学校を所轄する都道府県の相談窓口へ相談する**ことが考えられるでしょう。

たとえば、東京都の場合、「東京都教育相談センター」のホームページ上で、①学校の対応に納得できない場合は教育委員会へ相談②それでも解決できないときは、学校問題解決サポートセンターに相談③私立学校については、都庁代表番号に電話した上「生活文化スポーツ局私学部私学行政課小中高担当」に相談するよう記載されています。

もし、ここに挙げたような対応がなされない場合には、**学校や教育委員会等の対応**（対応しないことも含む）**により生じた精神的苦痛等に関し、慰謝料等損害賠償請求により学校・行政側の責任を追及する**ことが考えられるでしょう。請求の相手は、公立小中学校の場合は学校のある地方公共団体に、私立小中学校の場合は運営主体である学校法人になります。

保護者だけでこれらすべてを行うことは、心身ともにかなりの負担になりかねません。必要に応じ、弁護士等への相談も検討するとよいと思います。

Q88

いじめの対応

仲間外れや無視、多少のいじめなら社会勉強だと思ってやり過ごすべき？

A いじめが深刻化するおそれも。事実を聴き取り証拠を集めて本人の希望に沿った対応を。

条文

●いじめ防止対策推進法 ●いじめの防止等のための基本的な方針

解説 「いじめの防止等のための基本的な方針」では、いじめの具体的な態様として、仲間はずれ、集団での無視などを挙げています。これらを社会勉強と思ってやり過ごすようにと子どもに伝えるのは、いじめ被害を深刻化させることになります。

まずは子どもの話をじっくり聴きましょう。子どもの話の中から、「事実」をピックアップするという視点が必要です。

具体的には、「どのような事実をもって、仲間外れにされたり、無視されたりしていると感じたか」にあたる部分です。

たとえば、「自分が友人AとBに近づいたら、そのとたん、AとBが話すのをやめ、席を立って、二人で廊下に行ってしまった」などが事実にあたる部分です。事実を正確にピックアップして積み重ねることが証拠集めの第一歩になります。

学校側にも調査を依頼しましょう。その上で、事実を積み重ねたとき、やはり「仲間外れ」「無視」が認められたら、加害者側への指導や保護者に対する報告、クラスでいじめについて考える場をもつなどの対応を学校に求めましょう。その際も、子ども自身がどうしたいか、どうしたくないかという気持ちを丁寧に聴き、気持ちに沿った進め方を探ることが大事だと思います。

Q 89

いじめの対応

いじめ被害を警察に訴えても対応してくれない。犯罪行為を取り締まってほしい。

A

警察の連携を要するケースもあるものの、逆に根本的解決にならない場合も。

参考となる法令など

●いじめの防止等のための基本的な方針

解説 いじめの被害を訴えたにもかかわらず警察が対応してくれない場合は、その理由を確認してみるとよいと思います。

もし「証拠が足りない」という説明なら、どの部分に関する証拠が必要か、確認してみましょう。本当にそのような証拠が必要なのか、どのように証拠を獲得できるかなどは、弁護士に相談してみるのもよいと思います。

「学校内でのいじめに警察は介入しない」という説明なのであれば、それは理由になっていません。**「いじめの防止等のための基本的な方針」には、いじめの中でも、犯罪行為として早期に警察に相談することが重要なものや、子どもの生命、身体または財産に重大な被害が生じるような、直ちに警察に通報することが必要なものの場合、警察と連携した対応を取ることが必要であると明記されている**からです。

一方で、警察に訴えるより、学校に相談し、再発防止策を講じてもらったり、弁護士を通じて相手の保護者との間で二度とこのようなことがないよう監督を約束させたりする方が有効な場合もあるかもしれません。

というのも、**相手に対し厳しい処分を求めたいという気持ちから警察に被害届を出し、警察が事件として捜査をしても、必ずしも相手に対し厳しい処分が見込まれるわけではない**からです。

たとえば、金銭的な被害を受けたと被害届を出しても、その金額がそれほど高額ではなく、また相手がそれまで犯罪に関わる行為に及んだことがなかったような場合などです。

そもそも相手が未成年の場合、処分については本人の健全な育成を目指すという観点が重要となり、必ずしも厳しい処分に結びつかない可能性があります。

いじめ問題の根本解決のためには、警察に対応を求めたほうがよいか、それ以外によりよい選択肢があるかという点について、弁護士を含む相談機関に相談してみるのもよいと思います。

COLUMN

家族以外の相談先を探しておこう

わが子がいじめの被害に遭っていることがわかったら、親として何ができるでしょうか。まずなにより、子どもの話に耳を傾け、子どもの気持ちをしっかり聴くことが大切だということは、ここまで何度もお伝えしてきました。

しかし、実際は、親だからこそ様々な感情が邪魔をして、冷静に話を聴けなくなってしまったり、思わず子どもを問い詰めてしまったりすること、ありませんか？

こうなっては、子どもが安心して話すことは難しくなり、いじめ問題の解決も遠のいてしまうおそれがあります。

子どもが問題を一人で抱え込むことがないように、子ども自身が、身に起きたことを語り、気持ちを整理する、家族以外の相談先を確保することも大事なことだと思います。

その際、注意しておきたいことがあります。それは、相談先が果たして信頼できる相手かどうかという点です。中には、SNSを通じて子どもたちの悩みにつけこみ、相談に乗ると言って誘い出し、加害行為に及んだり、家出や違法行為、自殺をそそのかしたりする者の存在もうかがわれます。

子どもにはそのようなリスクもきちんと伝えた上で、親子で一緒に、信頼できる相談先をピックアップできるとよいでしょう。

信頼できる親戚などのほか、文部科学省の「24時間子供SOSダイヤル」、法務省の「こどもの人権110番」、法務省の「インターネット人権相談受付窓口」、東京都教育委員会の「東京都いじめ相談ホットライン」などがあります。

● 文部科学省「24時間子供SOSダイヤル」

0120-0-78310（なやみ言おう）

● 法務省「こどもの人権110番」

0120-007-110

● 東京都教育委員会「東京都いじめ相談ホットライン」

0120-53-8288

PART
7

家庭での トラブル

家庭は子どもにとっていちばん安心できる場所。――というのが理想ではあります。でも、なかなかいつも穏やかな時間を過ごせるとは限らないもの。子どもに対して感情をぶつけてしまったり、思うようにならない子どもの言動にイライラしてしまったりすることもあるでしょう。夫婦が不仲になってしまうことや、子どもが問題行動を起こすことだってあるかもしれません。そんなとき、法の知識があれば、問題がエスカレートすることを防いだり、状況を改善したりできるかもしれません。子どもにとっても親にとっても、家庭が安心できる場所でありますように。

Q90

虐待・DV

生活態度が悪いのでつい手を上げてしまうことがある。けがはさせていないししつけの許容範囲のはず。

A

目的や程度を問わず子どもに手を上げることは虐待であり、法律で明確に禁止されています。

参考となる法令など

●民法820条 ●民法821条 ●児童虐待の防止等に関する法律 ●刑法204条（傷害罪）●刑法208条（暴行罪）

解説「しつけのため」という理由があっても、けががなくても、子どもに手を上げることは許されません。

民法では、「親権を行う者は、子の利益のために子の監護及び教育をする権利を有し、義務を負う」とされ、その監護および教育をするにあたっては、「子の人格を尊重するとともに、その年齢及び発達の程度に配慮しなければならず、かつ、**体罰その他の子の心身の健全な発達に有害な影響を及ぼす言動をしてはならない**」と定められています。

以前の民法では、親権者が、監護、教育に必要な範囲で子を懲戒することができると定められていたのですが、この懲戒権が、児童虐待を正当化する口実に利用されているとの指摘があったことを受け、懲戒権の規定が削除されるとともに、体罰について明確にNGを出したのです。

「児童虐待の防止等に関する法律」でも同様に、親権者が、子のしつけに際して体罰をすることを禁止しています。

頭を小突くだけ、ほっぺたをひねるだけ、お尻をたたくだけなど、昔のアニメでは「よくあること」として描かれていたような行為も、現代ではどんな理由があっても許されません。これは幼児に対してだけではなく、やり返す力のある年齢の子どもに対しても同じです。**親子間であっても、このような暴力行為は暴行罪になりますし、子どもがけがを負えば傷害罪も成立します。**

また、暴力を用いて子どもに言うことを聞かせる行為には依存性があり、最初は「これくらい大丈夫」と考えていた行為がエスカレートすることも考えられます。親として、子どもへの暴力に対して、明確に「NO」の意志をもつ必要があります。

もし、「暴力はいけないとわかっているのに、どうしても手が出てしまう」「言うことを聞かない子どもにどうしてよいのかわからない」など、親自身が苦しい思いをしている場合は、P32でご紹介した相談窓口を利用してみたり、支援制度を利用したりして、周囲のサポートを得ることを考えてみてください。

Q91

（虐待・DV）

参考となる法令など

●民法820条 ●民法821条 ●児童虐待の防止等に関する法律

悪いことをしたとき、罰としてしつけの範囲内で食事を与えないことがある。

A

罰を与えたり言葉で脅したりすることは虐待になります。しつけの効果も期待できません。

解説 罰としておやつや食事を抜くことは、それ自体が虐待につながり得る行為です。

虐待というと、子どもをたたいたり蹴ったりする身体への暴力を思い浮かべるかもしれませんが、**虐待には、心理的虐待も含まれます。**「○○したら○○（子どもが楽しみにしているもの）をあげない」というのは、**子どもの心を脅かすことにつながり、虐待にあたり得る**のです。虐待や体罰は法律で明確に禁止されています。

そもそも、子どもが悪いことをしたとき、罰として食事を1回抜いたからといって、その「悪いこと」を完全にしなくなるとは思えません。

もしかしたら、直後は、その罰を恐れて親の言うとおりにするかもしれません。でもそれは長続きせず、その「悪いこと」をそのまま継続したり、形を変えてくり返したりするのではないでしょうか。

それは、子どもが単にその「罰」を避けたいのであって、「やってはいけない理由」を理解できていないからです。つまり、**その罰は、その「悪いこと」をやめさせることにはまったくつながらない**と考えられます。

「1回食事やおやつを抜くくらいで虐待なんて大げさだ」という捉え方もあるかもしれません。

でも、子どもが本質を理解していないままなら、その行為はずっと続く可能性があります。そのたびに罰を与えたり脅したりしていると、その罰や脅しが子どもに与えるインパクトが薄れてきて、「効果」がなくなってくるかもしれません。すると、「もっと効果的な罰を与えなくては」と**罰や脅しがエスカレートして、より深刻な虐待行為に発展していく**可能性があります。

罰を与えたり、罰を与えると脅して言うことを聞かせるのは、その場を何とか切り抜けるための「即効性」があるように感じがちです。一切の脅しをせずに子育てなんてできっこない！　と感じられるかもしれません。それでも、無自覚に虐待行為に及ばないためにも、罰や脅しはしつけにならないどころか虐待になり得ると、親が自覚することが必要です。

Q 92

虐待・DV

父親が怒鳴って威圧し、家族の誰も抵抗できない。暴力はないので我慢するしかないのか？

A

家族への威圧行為は虐待にあたる可能性があります。エスカレートが懸念されるので支援窓口に相談を。

参考となる法令など

●児童虐待の防止等に関する法律

解説 親が家族を威圧し、誰も抵抗できない状態が続いているとしたら、それは、子どもに対する虐待にあたる可能性があります。

法律では児童虐待について、保護者が子どもについて次のような行為を行うことと定義しています。

①子の身体に外傷が生じ、又は生じるおそれのある暴行を加えること

②子にわいせつな行為をすること又は子にわいせつな行為をさせること

③子の心身の正常な発達を妨げるような著しい減食**又は長時間の放置、保護者以外の同居人による虐待行為を放置すること**その他保護者としての監護**を著しく怠ること**

④子に対する著しい暴言又は著しく拒絶的な対応、子が同居する家庭における**配偶者に対する暴力**その他の子に**著しい心理的外傷を与える言動を行うこと**

子どもに対する直接の暴言や暴力ではなかったとしても、**子どもの面前で配偶者や家族を日常的に怒鳴り、威圧する行為は、④に該当し、虐待にあたる可能性があります。**

この状況が子どもの心に与える影響は深刻です。暴言がエスカレートして身体への暴力に発展したり、子どもへの直接的な暴言、暴力に発展したりするおそれもあります。その状態を放置してしまうことは子どもにとってよくないことです。まずはお近くの配偶者暴力相談支援センターなどに相談を。

内閣府男女共同参画局のホームページには、相談ダイヤル「**DV相談ナビ**」、24時間相談できる窓口、メールやSNSから相談できる窓口の利用案内が掲載されています。法務省のホームページには「**女性の人権ホットライン**」の利用案内も掲載されています※。

また、そのような配偶者との結婚生活について、考え直したほうがよい場合もあるかもしれません。暴言や暴力のある相手と離婚について話し合うことはとても難しく、危険も伴います。必要に応じて弁護士への相談も検討するとよいと思います。

※●「DV相談ナビ」#8008　●「DV相談+」0120-279-889（24時間対応）
●「女性の人権ホットライン」0570-070-810　●「児童相談所虐待対応ダイヤル」189

Q 93

虐待・DV

子どもに家事全般や家族の介護を担ってもらっている。とても助かっているし生活能力も身につくと思っている。

A

ヤングケアラーの可能性があります。子どものためにもしかるべき支援を受けましょう。

参考となる法令など

●児童の権利に関する条約

解説 **「児童の権利に関する条約」**では、子どもには**教育についての権利のほか、休息、余暇についての権利、その年齢に適した遊びやレクリエーションの活動を行い、文化的な生活及び芸術に自由に参加する権利**があるとされています。

たしかに、家事や介護で得る学びはあるはずですし、各家庭の事情もあるので、それ自体を否定することはできません。でも、程度によっては、その子はいわゆる「ヤングケアラー」になっている可能性があり、家族で考えなくてはいけない問題といえるかもしれません。

ヤングケアラーとは、本来なら大人が担う家事や家族の世話などを日常的に行っている子どもを指します。幼い子の世話をしているとか、障害や病気を抱えた家族の食事を作って食べさせたり、トイレに連れて行ったりといった身の周りの世話をしているなどです。

これが毎日数時間にわたることで、勉強や部活をしたり、友達と遊んだり、趣味の時間をとったりする、子どもにとって必要な「自分の時間」がなくなります。また、そのような生活を送る中で孤独を感じたり、強いストレスを抱えたり、睡眠時間が削られて健康を害したりといったことも起きるかもしれません。

その根底には、子どもの力を借りなければいけないほど困窮している家族の事情があるということであり、その事態を変える必要に迫られている可能性があります。

子どものためにも、外からのサポートを受けましょう。

たとえば、生活に不安があれば**自立相談支援機関相談窓口**に、高齢の家族の介護や健康などに不安があれば**地域包括支援センターの窓口**に相談をしてみるという選択肢があります。そもそも今の状況に問題があるのか、どこに相談したらいいのかわからない場合は、**子育て支援センター、児童相談所、24時間子供SOSダイヤル、こどもの人権110番**などの相談窓口の利用が考えられます。※

※●「児童相談所相談専用ダイヤル」0120−189−783 ●「24時間子供SOSダイヤル」0120−0−78310
●「こどもの人権110番」0120−007−110

Q 94

虐待・DV

受験のために、家庭でかなり厳しく学習指導をしている。かわいそうになるくらいだが、これも子どものため？

A

教育目的であっても虐待にあたる可能性があります。深刻な事態に陥る前に子どもとじっくり向き合ってみて。

参考となる法令など

●児童虐待の防止等に関する法律

解説 「厳しい学習指導」の内容にもよりますが、「かわいそうになるくらい」ならば、やはりそこには問題がひそんでいるように感じます。

「受験で合格するため」「いい成績をとらせるため」などの**教育目的があったとしても、Q92に挙げた虐待の定義にあてはまるような行為があれば、それは虐待と評価される可能性があります。**

宿題の時間に遊んでいたから殴る、目標の点数に届かなかったために長時間正座させる、回答できない子どもに「お前はクズだ」と暴言を吐くなどの行為は、いずれも虐待にあたる可能性が高い行為です。最近では「**教育虐待**」という言葉も聞くようになりました。

なにより、このままでは深刻な事態に陥る可能性があります。

たとえば、仮に受験は子どもの意志だとしても、教育虐待により子どもの心が壊れ、目標に向けて頑張りたいという気持ちや自分自身の力を信じる気持ちがなくなってしまったり、親子関係が破壊されてしまったりする可能性があります。「受験に失敗したら自分には何もなくなる」「成績が悪い自分には生きる価値がない」などと精神的に追い詰められてしまうかもしれません。

家族で、教育の在り方について改めてよく話し合いをしてみる必要があると思います。なによりもまず、**子どもと向き合い、子どもの気持ちをじっくり聴く**ことが大切だと思います。

このような言動をしてしまう親は子どもを大切にできていないのかというと、そんなことはないはずです。ただ、子どもが自分とは違う一人の人間であり、個として尊重される存在だということが腑に落ちていなかったり、子どもの幸せを願うあまり「こうでなくては幸せになれない」という思い込みに支配されてしまっていたりするのかもしれません。

自分の思い込みを客観的に見つめることって本当に難しいですよね。そんなときは、児童相談所、自治体の教育センターなどの相談窓口を利用し、客観的な視点を取り入れてみるとよいかもしれません。

Q 95

虐待・DV

参考となる法令など

●刑法204条（傷害罪）●刑法208条（暴行罪）●少年法

子どもから殴られている。警察沙汰にするつもりはないが、子どものために何かできることはないか。

A

子ども自身も苦しんでいるかもしれません。専門機関に相談し適切な支援を受けましょう。

解説 心身ともにつらい状況だと思います。子どもの年齢や体格などによっては、身の危険を感じるかもしれません。

周りに知られてしまったら子どもの人生に悪い影響が出てしまうと考えるかもしれませんし、育て方に原因があると思われたら恥ずかしいと感じてしまうかもしれません。

でも、**子どもの家庭内暴力は、ただちに専門機関に相談したほうがよい問題です。暴力の程度を問わず、まずは児童相談所に相談を。**

児童相談所は、児童虐待、発達の遅れ、しつけなど、18歳未満の子に関するあらゆる問題についての相談に応じ、子どもの最善の利益を図るために、ともに考え、子どもや保護者に最適の援助を行うための行政機関です。家庭内暴力の相談も受け付けています。

身の危険を感じるときは、ためらうことなく警察に通報しましょう。

警察に通報した場合、その後の手続きがどのように進むのか、簡単にお話しします。

人を殴ることは暴行罪、傷害罪にあたりますが、14歳未満であれば、子どもが刑事責任に問われることはありません。※ただし、何も対応がなされないということではありません。必要に応じて、警察による調査が行われることもあります。

また、児童相談所への通告に基づき児童相談所による措置がなされたり、場合によっては家庭裁判所に送致され、家庭裁判所による保護処分（保護観察、児童自立支援施設または児童養護施設送致等）がなされることもあります。

子どもの暴力について外部に相談することは、とても勇気のいることだと思います。でも、この問題を家庭内で抱えこんでしまうのはとても危険です。

誰よりも、**子ども自身もどうしてよいのかわからず苦しんでいる**かもしれません。徐々にエスカレートし、取り返しのつかない深刻な事態に発展する前に、ただちに、児童相談所や警察への相談を考えてみてください。

※14歳以上であっても、20歳未満の場合は、少年法が適用され、子どもの健全な育成を目的とした手続きがとられます。

Q 96

虐待・DV

DVから親子で避難したい。誰に助けを求めればよい？

参考となる法令など

●配偶者からの暴力の防止及び被害者の保護等に関する法律

A

配偶者暴力相談支援センターで相談や各種支援を受けられます。早急に相談を。身の危険があれば警察に通報を。

解説 **DVは「配偶者からの暴力の防止及び被害者の保護等に関する法律」**（いわゆる配偶者暴力防止法）で**「犯罪となる行為をも含む重大な人権侵害」と明記されています。**

親子の身の安全の確保を最優先に考え、**配偶者暴力相談支援センター**や警察署に相談をしてください。**身の危険を感じたら、ためらわずに110番通報を。**

配偶者暴力相談支援センターとは、配偶者からの暴力の防止と被害者の保護のため、●相談、相談機関の紹介 ●カウンセリング ●被害者と同伴者の緊急時における安全の確保と一時保護 ●自立して生活することを促進するための情報提供などの援助 ●被害者を居住させ保護する施設についての情報提供などの援助 ●保護命令制度の利用についての情報提供などを行う相談機関です。※1

相手から身を守る方法として、保護命令申立てや住民票の写し等交付制限等のための手続きなどの説明をしてもらえます。

保護命令とは、裁判所が加害者に対して発する命令のことで、次の5つの種類があります。

①被害者への**接近禁止**命令
②被害者への**電話等禁止**命令
③被害者の**同居の子への接近禁止**命令
④被害者の**親族等への接近禁止**命令
⑤被害者と共に生活する**住居からの退去**命令

一般的に、暴力を振るう配偶者との離婚は、当事者同士の話し合いで解決するのが難しいことが多いです。早めに弁護士に相談し、弁護士を通じて、親権、養育費、慰謝料、財産分与等を含む離婚についての話し合いをしたり、必要に応じて調停手続きを利用したりする必要があるでしょう。なお、相手が離婚後の面会交流を希望した場合は、子どもに危険が及ぶ可能性を十分考慮して慎重に検討する必要があります。

弁護士に依頼する経済的な余裕がないときは、「法テラス」に相談すると弁護士費用の立替払いをしてもらえる場合があります。※2

※1 「男女共同参画局　配偶者暴力相談支援センター」で検索。
※2 一定の条件を満たせば、審査の上で費用の立て替えがなされます。

Q
97

親の離婚

離婚をした場合、相手が低収入でも養育費はもらえるのか？

●民法766条 ●民法877条

A

養育費は低額かもしれませんが必ず取決めをしましょう。執行認諾文言付き公正証書など執行力のある形に残しましょう。

解説 子どもを連れて離婚する場合は、養育費について取り決めます。民法に基づき、**離婚したとしても親は子を養う責任がある**からです。

養育費のことで揉めて離婚成立が遅くなるくらいなら養育費はいらないと考える人もいますが、養育費は子どもの権利だと考えましょう。

子どもの成長とともに、想定以上にお金がかかることもあります。進路の選択をする際などに、経済的理由で選択肢が狭まってしまうことを避けるためにも、養育費の確保はとても大事なことです。

通常、**養育費の金額は、双方の収入の額、子どもの年齢・人数をベースに算定します**。裁判所が算定表を公表しており、離婚調停や訴訟ではこれを基準にして話し合い、判断がなされます※。

相手の収入が低いと、養育費もそれに応じて低額になり、親子が生活するのに十分な経済的基盤が築けないこともあると思います。各自治体のひとり親家庭相談支援窓口に相談してみるのがよいでしょう。

養育費は口約束にせず、**調停調書、確定判決、和解調書、公正証書**（執行認諾文言付きのもの）などの形にしておき、**いざ不払いがあったとき、相手の給与を差し押さえるなどして強制的に養育費を確保できる**ようにします。

さらに、成長の過程で特別な費用がかかった場合には、その支払いについて改めて協議することも約束しておくとよいでしょう。

どちらかが再婚しても、養育費の支払義務は当然には消滅しませんが、事情を踏まえて話し合い、減額したりゼロとしたりすることができます。話し合いが整わない場合は、調停手続きを利用し、最終的には裁判所の判断を求めます。

裁判所の判断では、養育費を払う側が再婚して子が生まれたとか、再婚相手の子と養子縁組したとかで扶養家族が増えた場合は、養育費が減額となるケースがあります。また、養育費を受け取る側が再婚し、子と再婚相手が養子縁組した場合も、事情によっては、養育費減額や免除となり得ます。

※子どもの最善の利益を考慮して作成された、日本弁護士連合会（日弁連）が公表している新算定方式・新算定表もインターネットで閲覧できます。

離婚の前に
取り決めておくべきこと

離婚の際の取決めは、保有する財産、子どもの人数、年齢、進路など、個別の事情を踏まえて考えなければならず、それぞれのケースによって優先順位も違ってきます。離婚条件を決める前に、早めに弁護士に相談し[※1]、自分のケースでは何を決めるべきか、特に重要な項目は何かといったことを明らかにしておくと、離婚後の安心につながります。

親権の取決め

必ず親権を取り決めます。親権の取決めができていないと離婚はできません。現在、日本では、離婚後は単独親権となっています。

親権について争いがある場合、どちらを親権者と定めるかは「子の利益」を基準にします。

具体的には、父母側の事情として監護能力、監護実績（子の監護がこれまでどのようになされてきたか）、精神的・経済的家庭環境等を、子側の事情としては年齢、性別、心身の発育状況、子の意思等の要素を比較衡量して判断されます。これに加え、別居親との面会交流に対する寛容性、了の監護開始に至る経緯における違法性の有無等が判断要素として考慮されることもあります。

財産分与の取決め

財産分与についても話し合います。

夫婦が共同生活を送る中で形成した夫婦の資産を、離婚時に分配します。金額が大きくなって双方の意向が一致しないこともあるため、「財産分与は離婚後に話し合えばいいから、先に離婚を成立させてしまいたい」と考えがちです。

でも、離婚前に取り決めておくことをおすすめします。離婚後2年を経過すると、家庭裁判所に、協議に代わる処分を請求することができなくなってしまいますし、離婚のときに経済的基盤を整えておくことは子どもにとっても大切だからです。

面会交流についての取決め

子どもが、一緒に住めなくなる親からの愛情を実感しながら育つことができるよう、子どものために、面会交流についても取り決めましょう。

「養育費はいらないから子どもと面会をさせない」と考える人もいます。気持ちは本当によくわかりますが、養育費も面会交流も、子どものためのものです（暴力など、子どもに危険がある場合などは別です）。

頻度などに決まりはありませんが、子どもの負担にならないように配慮を。

面会の実施方法に不安がある場合には、第三者機関のサポートを検討することもできます※2。

※1 経済的に余裕がない場合は法テラスを利用して弁護士に依頼できる場合もあります。 お近くの法テラスに問合せを。
※2 「法務省　面会交流支援機関一覧」で検索。

Q98

（子どもの素行）

参考となる法令など

●刑法235条（窃盗罪）●刑法244条（親族間の犯罪に関する特例）

親の金を抜き取っている。家族間でも窃盗になる？

A 家族間なら罪は免除されるが別の問題がひそんでいるかも。

解説 この行為自体は窃盗罪に該当しますが、刑法には、**親子間**※**で窃盗罪やその未遂罪を犯した場合、その刑は免除される**と定められています。

ただ、そのような行為が発覚した場合、**その背景を知り、根本にある問題と向き合う**ことがなにより大事なことだと思います。

お小遣いでは手の届かないものを買おうとしているのかもしれませんし、自分に注目してもらいたくてわざと困らせるようなことをしたのかもしれません。いじめに遭っていて、お金をもって来いと脅されていたのかもしれません。好意を寄せる誰かの歓心を買うために金品を渡しているのかもしれませんし、その相手は、お子さんの好意を利用して金品を手に入れようと企んでいるのかもしれません。場合によっては、窃盗症など、医療的サポートが必要な状況なのかもしれません。

それらの問題と向き合わないと、**同じことが繰り返される可能性がありますし、家庭内の窃盗にとどまらず、いつか外でも行われてしまう可能性もあります。**

子どもの話をじっくり聴き、根底にある問題について考える必要があるでしょう。家庭内ではどう対応していいかわからない場合には、児童相談所への相談も選択肢になると思います。

※詳しくは「配偶者、直系血族又は同居の親族との間」です。

Q99 子どもの素行

親のクレジットカードを子どもが使っても大丈夫？

A 本人以外のクレジットカードの利用はＮＧです。事前の予防策を考えましょう。

解説 クレジットカードの利用約款には、カードやカード情報は、カード会員本人以外は使用できないと明記されているはずです。カード会社から家族会員として承認され、家族カードを貸与される場合もありますが、会員本人のカードを勝手に使っていいというものではありません。

ですから、**子どもが親のクレジットカードを勝手に使うことは許されていません**。

では、子どもが親のクレジットカードで勝手に買い物やオンラインゲーム課金をした場合、カード会社への支払いを拒否できるのでしょうか？

利用約款上は、カードが本人以外の人によって不正に使われた場合、一定の条件のもとで支払いが免除されることがありますが、**会員本人の家族、親族、同居人などによる不正使用の場合には、支払いを免れることはないと定められていることが多い**と思います。不正使用されないように保護者が十分な管理をしていたか、カード会社のセキュリティが十分だったかなど、個別の事情によって結論が変わり得るところです。困ったときは消費生活センターに相談をしてみてください。

クレジットカードやキャッシュレス決済を含むお金の管理や使い方について、家族で話し合うことが必要だと思います。

Q100

（子どもの素行）

参考となる法令など

●少年警察活動規則

子どもが家出をした。これまでもあったことなので警察に届け出たら迷惑？

A

子どもの身の安全のためためらわずに警察に相談を。警察は規則に基づき適切な対応が求められます。

解説 年齢や経緯などにもよりますが、子どもの身の安全を考えたとき、不安があれば、警察に相談するのがよいと考えます。これまでも家出の経験があるなら、その際にいた場所にまた行っていないか、至急確認の上で、その結果も踏まえて警察に相談してみるのもよいでしょう。

家庭内の問題を警察に相談しても取り合ってもらえないのではないかという不安があるかもしれません。

「少年警察活動規則」では、少年の非行の防止および保護を通じて少年の健全な育成を図るための警察活動を「少年警察活動」としています。

少年警察活動では、**少年または保護者などから少年相談を受けたときは、丁寧にその内容に応じ、指導または助言、関係機関への引き継ぎなど適切な処理を行う**ものとされています。

また、**少年の非行防止のため特に必要な場合には、保護者の同意を得た上で、家庭、学校、交友などの環境について、改善が認められるまでの間、本人に対する助言または指導、補導などを継続的に実施す**るとされています。

子どもの家出の問題は、それ自体が子どもの安全に関わる差し迫った問題です。さらに、事情によっては非行につながり得る行動ともいえ、誘拐や性犯罪、重大な事故や事件に巻き込まれてしまう危険性もあります。

警察では、そのような相談があった際には関係機関との連携も含め適切に対応する必要があるはずです。ためらわずに警察に相談し、行方不明者届を出して捜索を求めるのがよいと思います。

その上で、無事、子どもが家に戻り、少し落ち着いたら、家出について親子で話し合う必要があるでしょう。これまでは幸い戻ってくることができたかもしれませんが、根本にある問題と向き合わないと、家出が繰り返され、いつかトラブルに巻き込まれないとも限りません。専門家の力を借りる必要があれば、児童相談所などへの相談も検討するとよいでしょう。

COLUMN

親の価値観を手放すことも大切

PART7では、子どもへの虐待について触れました。

何をもって虐待とするかという点は、ご理解いただけたかと思います。

しかし、虐待の背景には、「暴力はいけない」という理解だけでは解決できない問題があるように思います。「つい手を上げてしまった」ことのある多くの親は、既に「暴力はいけない」とはっきり認識していると思うからです。

にもかかわらず、手を上げてしまうなら、どうしたらよいのでしょうか。

いろいろな事情、状況があると思いますが、おおもとに「子どもが思うようにならなくてイライラした」という感情があることも多いように思います。

私はそんなとき、まず「自分がこんなにもイライラしているのは、子どもの幸せを自分が必死で考えているからだ」と、自分のイライラをいったん受けとめるようにしています。

その上で、「こうしなければ子どもが幸せにならない」とか「こんなことをしたら子どもが将来困る」などの自分自身の考えについて「それって本当?」と問いかけてみるようにしています。

すると、イライラのおおもとにあった「こうあるべき」は、自分の経験に基づいた、凝り固まった価値観に過ぎず、唯一の正解ではないと気付くことがあります。

子どもは自分とは違う　人の人間なのだから、自分の価値観だけでその行動をジャッジしてはいけないと、気持ちを改められ、少しだけイライラが和らぐように感じます。

子どもにイライラしてしまったら、まずは子どもを思う自分の気持ちを認め、自分自身に問いかけてみてください。少しでもお気持ちが休まりますように。

参考資料（ページ順）

- e-Govポータル
- 法務省「きっずるーむ」
- 公益財団法人日本ユニセフ協会ホームページ
- こども家庭庁「こども基本法とは？」
- 法務省「人権の擁護」
- 厚生労働省「職場におけるパワーハラスメント対策・セクシュアルハラスメント対策・妊娠・出産・育児休業等に関するハラスメント対策は事業主の義務です！」
- 厚生労働省「育児・介護休業法 改正ポイントのご案内」
- 厚生労働省Press Release「「令和3年度雇用均等基本調査」結果を公表します」（令和4年7月29日）
- 日本小児科学会監訳「『赤ちゃんを揺さぶらないで』乳幼児揺さぶられ症候群（SBS）を予防しましょう。」
- 内閣府「教育・保育施設等における事故防止及び事故発生時の対応のためのガイドライン」（平成28年3月版）
- 厚生労働省「児童福祉施設の設備及び運営に関する基準」
- 内閣府「こどものバス送迎・安全徹底マニュアル」
- 内閣府「保育所、幼稚園、認定こども園及び特別支援学校幼稚部におけるバス送迎に当たっての安全管理の徹底に関する関係府省会議」
- 官報 令和4年12月28日（号外第279号）
- 内閣府「保育所、幼稚園、認定こども園及び特別支援学校幼稚部におけるバス送迎に当たっての安全管理の徹底に関する関係府省会議」
- 内閣府「認定こども園、幼稚園、保育所、小学校等における危機管理（不審者侵入時の対応）の徹底について」
- 厚生労働省「児童福祉施設の設備及び運営に関する基準第9条の2」（昭和23年厚生省令第63号）
- 株式会社キャンサースキャン「不適切な保育の未然防止及び発生時の対応についての手引き」（令和3年3月）
- 厚生労働省「保育所におけるアレルギー対応ガイドライン」
- 千葉県教育委員会（幼稚園・保育所向け）発達障害の可能性のある子どもへの支援Q&A
- 内閣府「障害者の差別解消に向けた理解促進ポータルサイト―合理的配慮を知っていますか―」
- 厚生労働省「体罰等によらない子育てのために」
- 全国保育士会「保育所・認定こども園等における人権擁護のためのセルフチェックリスト」
- 消費者庁News Release「ペダルなし二輪遊具による子どもの事故に注意！」（令和元年7月17日）
- 政府広報オンライン「やめよう！運転中の『ながらスマホ』」
- 政府広報オンライン「知ってる？守ってる？自転車利用の交通ルール」
- 司法面接支援室「子どもへの司法面接」
- 消費者庁「オンラインゲームに関する消費生活相談対応マニュアル」
- 法務省「インターネット上の書き込みなどに関する相談・通報窓口のご案内」
- 総務省「インターネットトラブル事例集」
- 文部科学省「各国の義務教育制度の概要」
- 学習指導要領
- 川崎市PTA連絡協議会「PTA活動における適正化・活性化ガイドライン」
- 横須賀市PTA協議会「やりがちだけどやってはいけないこと」
- 平成24年度科学研究費助成事業「子どもの性被害と性加害への心理教育的アプローチ～性的発達の観点から～」
- 子ども家庭庁「みんなで気をつけようね」
- 文部科学省「令和2年度 児童生徒の問題行動・不登校等生徒指導上の諸課題に関する調査結果の概要」（令和3年10月13日）
- 文部科学省「いじめ対策に係る事例集」
- 東京都教育委員会ホームページ
- こども家庭庁「ヤングケアラーについて」

おわりに

最後までお読みくださいまして、ありがとうございました。

法は、私たち一人一人が幸せに生きていくための道具です。

でも、道具を使う私たちが元気でなくては、その道具を使いこなすことはできません。

だから、私がこの本を書き綴るにあたって特に強い思いを込めたことがあります。それは、親である私たちが、子育てについて考える前に、自分自身が幸せでいることを意識したいということです。

私自身の話になりますが、子育てでは、これまで自分でも知らなかったような、自身の未熟さや弱さを嫌というほど思い知らされます。そして、親としての頼りがいのなさに直面し、自分は子どもを幸せにできるのかと思い悩み、落ち込むことがしばしばです。

そうなると、自己嫌悪でいっぱいになり、心の余裕もなくなり疲れ果て、子どもの抱える悩みやトラブルを頼もしく解決することなどできません。それどころか、子どもに対し、自

分が親としてこうありたいと思い描く姿とは真逆の反応をしてしまったり、感情をぶつけてしまったりすることもあります。

そんなとき私は、まずは自分の心の声を聴き、自分に寄り添い、疲れた心を休め、もがきながら子どもと共に成長しようとしている「がんばりやの自分」をほめちぎるようにしています。そうして自分で自分の心を満たしてから、子どもと向き合うことがとても大事だと思っています。

そうは言っても、毎日悩みながら子どもと向き合う中、やるべき仕事が山積しているときに限って、保育園や学校で問題が起きたりすると、つい人のせいにしたり、過去のいくつかの選択を猛烈に後悔したりしてしまうことがあります。

そんなとき、歯を食いしばりながら頭に思い浮かべるのは「connecting the dots（点をつなぐ）」という言葉――スティーブ・ジョブズの有名なスピーチの一節です。

私はこの言葉を、こんなふうに解釈しています。

今の努力が無駄に感じることや、目の前の壁が乗り越えられないほど高く感じることがある。でも、今、打っている点がどうつながってどのような線になるのかを知ることができるのは、もうちょっと先のこと。今はひたすら点を打ち続けること。後々、これまで打ち続けてきた点が今に続く線になって見えるときが来る。

どうしてこんなにも思い通りにならない毎日なのか。昨日も大変だったし、今日も大変。いつになったら光が見えてくるのか。こんな思いになるとき、私は、「今日打った点が、美しい線の始点になっているかもしれない」と思うようにしています。

そうやって、1日1日、目の前の子どもと、子どもが持ち帰ってくる数々のトラブルと向き合うことで、いつか、「ああ、ここにつながっていたんだ」と振り返ることができると思っています。また、そう思うことで、今この瞬間に集中し、小さな喜びを見つけられたり、ちょっとパワーが湧いたりするように感じています。

親はいつまでも子どもを守れません。

だから、子どもには自分の力で自分を守っていけるようになってほしい——。そのために、本書を通して身につけた法の知識＝「お守り」を、お子さんとの日常の関わりの中で、少し

ずつ、何気なく、引き継いでいっていただけたらと思います。

私も皆さまとともに、法の知識をお守りに、日々、点を打ち続けながら、親子が笑顔で生きる毎日を積み重ねていきたいなと思っています。

最後になりましたが、私は小学生のころからお話を書くのが大好きで、心の中で、いつか本を書いてみたいと思っていました。その夢を実現する機会を作ってくださり、初めての執筆で右も左もわからない私を最後まで力強くサポートしてくださった小林裕子さんを始めとする辰巳出版の皆さま、肩の力がふっと抜け、気持ちが温かくなるイラストを描いてくださったオキエイコさん、堅苦しくなりがちな法律を扱う本書を親しみやすくかわいらしいデザインに仕上げてくださったchicholsさん、本書にご協力くださったすべての皆さまに、心より感謝申し上げます。

そして、子どものころから心配ばかりかけていた私をいつも見守ってくれた両親、未熟な私を母にしてくれ、私に生きる意味を感じさせてくれる最愛のわが子に、愛と感謝を込めて。

令和5年7月　高橋麻理

STAFF
デザイン　chichols
DTP　山口良二
校正　鷗来堂
編集　小林裕子（辰巳出版）

著者　弁護士　**高橋麻理**

第二東京弁護士会所属。弁護士法人Authense法律事務所。慶應義塾大学法学部法律学科卒業。2002年検察官任官。東京地検、大阪地検などで勤務後、2011年弁護士登録。社外役員（社外取締役・社外監査役）に就任し、社内不祥事予防等業務に従事する一方、子どもが関わる離婚問題、子どもに関わる犯罪、学校問題等にも取り組み、子どもへの法教育として小中学校でのいじめ予防授業、保護者向け講演なども行う。法律問題を身近なものとしてわかりやすく伝えることを目指し、テレビ、ラジオ、新聞等メディア出演も多数。『大人になる前に知ってほしい　生きるために必要な「法律」のはなし』（ナツメ社）共同監修。一人の母として子育て奮闘中。X（旧Twitter）：@mari27675447

イラスト　**オキエイコ**

イラストレーター。SNSや書籍で妊娠・出産、育児、猫マンガを発信。著書に『ダラママ主婦の子育て記録 なんとかここまでやってきた』『ねこ活はじめました』（KADOKAWA）など。猫の母子手帳『ねこヘルプ手帳』などを手がける。

X（旧Twitter）：@oki_soroe　Instagram：soroe.handmade

子育て六法

2023年8月25日　初版第1刷発行

著者　高橋麻理
発行人　廣瀬和二
発行所　株式会社日東書院本社
〒113-0033
東京都文京区本郷1-33-13 春日町ビル5F
TEL 03-5931-5930（代表）
FAX 03-6386-3087（販売部）
https://TG-NET.co.jp
印刷　三共グラフィック株式会社
製本　株式会社セイコーバインダリー

ISBN978-4-528-02409-0 C0077 Printed in Japan